财经类院校**成人高等教育**实训系列教材

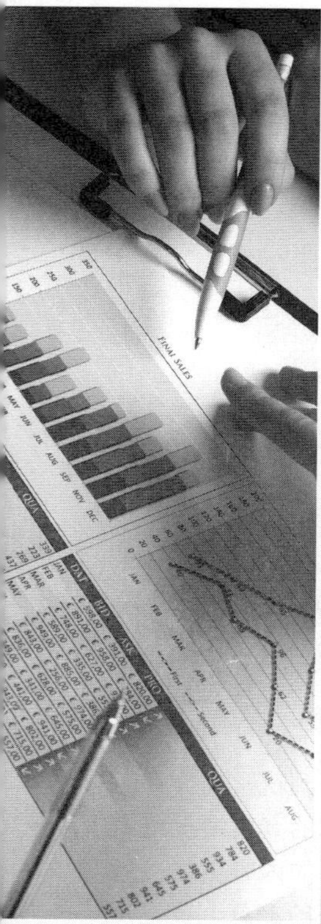

FINANCIAL ACCOUNTING

财务会计综合模拟实训教程

何劲军 主编

人民邮电出版社
北京

图书在版编目（CIP）数据

财务会计综合模拟实训教程 / 何劲军主编. -- 北京：人民邮电出版社，2016.8（2017.7重印）
财经类院校成人高等教育实训系列教材
ISBN 978-7-115-43347-3

Ⅰ. ①财… Ⅱ. ①何… Ⅲ. ①财务会计—成人高等教育—教材 Ⅳ. ①F234.4

中国版本图书馆CIP数据核字(2016)第200305号

内 容 提 要

本书对一家从事制造业的企业的会计资料进行了模拟，设计了从建账到日常的会计业务处理，最后编制财务会计报表全部过程的会计资料。按照企业会计处理的真实情况组织实施，将前述实训内容适当分布在整个会计流程处理的各个环节，使实训的内容更加接近实际工作。主要内容包括：会计凭证的编制、会计凭证的审核、会计凭证的汇总、登记及核对会计账簿、结账以及编制会计报表等。

本书可供高等院校财务会计及相关专业师生使用，也可供相关行业从业人员参考、练习使用。

◆ 主　　编　何劲军
责任编辑　王　平
责任印制　焦志炜

◆ 人民邮电出版社出版发行　　北京市丰台区成寿寺路 11 号
邮编　100164　　电子邮件　315@ptpress.com.cn
网址　http://www.ptpress.com.cn
北京鑫正大印刷有限公司印刷

◆ 开本：700×1000　1/16
印张：24.5　　　　2016 年 8 月第 1 版
字数：222 千字　　2017 年 7 月北京第 3 次印刷

定价：58.00 元

读者服务热线：(010)81055256　印装质量热线：(010)81055316
反盗版热线：(010)81055315

丛 书 序

财经类专业是应用性、理论性、实践性很强的专业，其实践教学与理论教学是地位相同的重要教学环节。实践教学效果的好坏将直接影响到学生对所学知识的掌握程度，进而影响学生综合应用能力和创新能力效果。目前，成人高等教育学历化倾向比较严重，许多人仍然把成人教育简单化为学历补偿教育。成人高等教育仍然走不出单纯追求学历教育的误区，成教“普教化”现象明显；办学特色不鲜明，培养目标针对性不强，忽视了成人自身的求学需要；轻视实践操作和运用能力的培养，不适合成人学习特点。

为此，我们组织编写了适应成人教育学生创新能力培养、满足前沿理论技术引导需求的实训系列教材——“财经类院校成人高等教育实训系列教材”。该系列丛书既包括提升学生从业能力的教材，也包括培养学生综合素质的教材。该丛书首先力求实践教材与理论教材相辅相成，以能力培养为主要目标，培养学生具有完整、系统的从业能力；其次，培养学生的独立调研、创造力训练等能力；再次，还可以锻炼学生思维能力、提高观察和解决问题的能力及抗挫折能力，培养良好的意志品质。

财经类成人高等教育实训系列教材是完善财经类成人高等教育教学体系建设的重要一环，是提高成人高等教育教学质量的重要保障。

本丛书在财经类院校成人高等教育实训系列教材建设小组指导下，由蒙丽珍教授、严民富副教授和蒙强副教授负责教材整体框架、内容的设计，并担任主审。

本丛书不仅适合成人高等教育的实践教学，也可以作为高等教育实践教学、企业和公司经济管理人员的岗位培训用书，对于广大的社会自学者也是非常有益的读物。在编写过程中，我们参考借鉴了大量的经济、管理和会计财务等方面的资料，并得到相关企业、院校等专家的支持与悉心指导，在此一并致谢。由于作者水平有限，书中难免有疏漏和不足，恳请读者批评指正。

财经类院校成人高等教育实训系列教材建设小组

二〇一六年六月

前　　言

财务会计综合模拟实训是财务会计教学的一个重要环节，目的是使学生系统地掌握会计确认、计量和报告的各项实践技能，巩固所学的会计理论知识，培养学生的实践动手能力。

财务会计模拟实训的内容包括：会计凭证的编制、会计凭证的审核、会计凭证的汇总、登记及核对会计账簿、结账以及编制会计报表等。

为了让学生在学习中掌握以上会计程序和具体方法，我们对一家从事制造业公司的会计资料进行了模拟，设计了从建账到日常的会计业务处理、最后编制财务会计报表全部过程。按照企业会计处理的真实情况组织实施，将前述实训内容适当分布在整个财务会计处理流程的各个环节，使实训的内容更加接近实际工作。

财务会计模拟实训的特点在于全面性、真实性和可控性，这能够让学生有真实的会计工作岗位体验，又便于教师指导，达到较好的教学效果。因此，我们依据在会计实际工作中发生的业务，对原始凭证进行仿真，取代了业务说明，力图模拟企业真实的会计核算过程，同时还要求学生按照会计核算分工的规定完成所有的操作。

本书在编写过程中得到了广西财经学院继续教育学院领导的支持和帮助，以及各有关方面专家、学者的指导和帮助，参阅了同行专家的相关研究成果和收集的案例，在此表示衷心的感谢。由于水平有限，难免存在不足之处，恳请读者批评指正。

编　者

2016 年 6 月

目　　录

一、实训用品准备

1. 回形针每人 1 盒。
2. 票据夹每人 1 个。

二、实训要求

（一）对指导教师的要求

1. 准备好实训所需用品。
2. 对实训学生分组并选出组长。
3. 由各组领取实训用品。
4. 介绍实训企业概况与实训要求。
5. 指导学生根据资料建账。
6. 指导学生编制有关会计凭证。
7. 指导学生登记各类账簿。
8. 指导学生对账和结账。
9. 指导学生编制会计报表。
10. 指导学生根据所编制的会计报表进行财务分析。
11. 根据学生完成的实训资料及实训表现评出成绩。

（二）对学生的要求

1. 了解实训企业概况和实训要求。

2. 开设总账。根据企业 2015 年 11 月末的总账科目余额，登记账户的期初余额。

3. 开设库存现金和银行存款日记账。根据企业 2015 年 11 月末的“库存现金”和“银行存款”科目余额，登记“库存现金”和“银行存款”日记账的期初余额。

4. 开设各明细账。根据企业 2015 年 11 月末的有关账户余额，登记各账户的期初余额。

5. 根据企业 12 月份发生的经济业务，填写有关原始凭证，并根据审核无误的原始凭证编制记账凭证。

6. 根据记账凭证按旬编制科目汇总表。

7. 对账簿进行对账。

8. 编制会计报表。

9. 编写财务分析报告。

10. 装订会计凭证。

三、实训资料

（一）公司概况

名称：南方机械有限责任公司。

住所：广东省佛山市南海区中山路 100 号。

法定代表人姓名：杜欣。

注册资本：550 万元。

实收资本：550 万元。

公司类型：有限责任公司。

开户银行：中国工商银行佛山市分行南海支行；账号：2009004209026400。

税务登记号：2006030034567890。

经营范围：生产销售转载机、刮板输送机两种产品。

组织结构：公司设有一个基本生产车间，两个辅助生产车间（机修车间、供汽车间），一个销售机构和厂部管理机构等 5 个部门。

生产特点：公司采用大量单步骤生产，平时从仓库领用材料圆钢、生铁，进行加工，生产转载机和刮板输送机，产品生产完工验收合格后，送交仓库。

（二）期初数据

南方机械有限责任公司为增值税一般纳税人。2015 年 12 月 1 日有关科目的余额如表 1～表 13 所示。

表 1 总账期初余额

科目名称	借方余额	科目名称	贷方余额
库存现金	1 500	短期借款	355 000
银行存款	1 280 500	应付票据	150 000
其他货币资金	123 500	应付账款	873 800
交易性金融资产	15 800	其他应付款	50 000
应收票据	240 000	应付职工薪酬	111 050
应收账款	406 000	应交税费	60 600
坏账准备	−900	应付利息	1 000
预付账款	10 000	长期借款	1 150 000
其他应收款	5 000	实收资本	5 500 000
材料采购	200 000	盈余公积	100 000
原材料	558 200	利润分配	60 000
周转材料	37 800		
库存商品	750 000		
材料成本差异	6 405		
生产成本	90 900		
长期股权投资	204 100		
固定资产	3 730 000		
累计折旧	−400 000		
在建工程	992 645		
无形资产	150 000		
长期待摊费用	10 000		
合计	8 411 450	合计	8 411 450

表 2　　部分明细账户期初余额表（部分）

账户名称			借方余额	贷方余额	数量	
总账	明细账				单位	数量
其他货币资金	存出投资款		50 000			
	汇票存款		73 500			
交易性金融资产	三一股份	成本	4 300		股	1 000
		公允价值变动	1 200			
	宝钢股份	成本	10 600		股	1 000
		公允价值变动		300		
应收账款	威力有限责任公司		386 000			
	东海有限责任公司		4 500			
	合山煤矿		15 500			
预付账款	广东铝厂		10 000			
在建工程	M220 机床		182 845			
	B1 工程		809 800			
应付账款	华力机械有限公司			373 800		
	宏展有限责任公司			200 000		
	兴达贸易公司			300 000		
其他应付款	职工教育经费			3 000		
	其他			47 000		
应付职工薪酬	应付工资			111 050		
	应付职工福利					
应交税费	应交营业税			600		
	应交增值税	进项税额				
		销项税额		30 000		
	应交所得税			30 000		
利润分配	未分配利润			60 000		

表 3　　1～11 月损益类账户累计发生额

单位：元

科目名称	借方发生额	贷方发生额
主营业务收入		13 500 000
主营业务成本	9 100 000	
营业税金及附加	30 000	
销售费用	240 000	
管理费用	874 000	
财务费用	265 000	
其他业务收入		132 600
其他业务成本	89 000	
投资收益		42 200
营业外收入		40 000
营业外支出	29 800	
所得税费用	1 090 817	

表 4　　原材料明细账户期初余额

单位：元

明细账户名称	计量单位	结存数量	计划价格	金额
原料及主要材料：				
圆钢	吨	100	3 000	300 000
生铁	吨	100	1 400	140 000
燃料：				
原煤	吨	50	300	15 000
焦碳	吨	80	600	48 000
辅助材料：				
油漆	公斤	500	20	10 000
润滑油	公斤	500	42.4	21 200
包装材料：				
木材	立方米	40	600	24 000
合计：				558 200

表 5　　周转材料明细账户期初余额

单位：元

明细账户名称	计量单位	库存数量	价格	金额
包装箱	个	40	295	11 800
工具	件	33	500	16 500
手套	打	50	100	5 000
工作服	套	30	150	4 500
合计：				37 800

表 6　　库存商品明细账户期初余额

单位：元

名称	计量单位	库存数量	价格	金额
转载机	台	50	3 000	150 000
刮板输送机	台	24	25 000	600 000
合计：				750 000

表 7　　生产成本明细账期初余额

单位：元

产品名称	计量单位	数量	成本项目			合计
			直接材料	直接人工	制造费用	
转载机	台	25	12 090	27 200	2 710	42 000
刮板输送机	台	3	5 100	38 900	4 900	48 900
合计：						90 900

表 8　　材料采购明细账期初余额

单位：元

2015 年		供货单位名称	材料名称	计量单位	发票数量	实收数量	实际成本			计划成本		材料成本差异	
月	日						发票价格	运杂费	合计	单价	金额	超支	节约
11	25	包钢公司	圆钢	吨	40		128 000	4 000	132 000				
		包钢公司	生铁	吨	50		65 000	3 000	68 000				
合　计							193 000	7 000	200 000				

表 9　　材料成本差异明细账期初余额

单位：元

二级科目	2015 年 11 月 30 日期末余额		
	计划成本	差异额	差异率
原料及主要材料	440 000	6 600	1.5%
燃料	63 000	−1 575	−2.5%
辅助材料	31 200	780	2.5%
包装材料	24 000	600	2.5%
合计	558 200	6 405	

表 10　　固定资产登记簿

单位：元

项目			11 月 30 日期末余额
在用	基本生产车间	房屋建筑物	420 000
		机器设备	500 000
		小计	920 000
	机修车间	房屋建筑物	150 000
		机器设备	200 000
		小计	350 000
	供汽车间	房屋建筑物	450 000
		机器设备	300 000
		小计	750 000
	专设销售机构	房屋建筑物	300 000
		小计	300 000
	厂部管理机构	房屋建筑物	760 000
		机器设备	200 000
		小计	960 000
不需用——机器设备			50 000
合计：			3 330 000

注：年折旧率——房屋建筑物为 3.6%，机器设备为 9.6%。

表 11　　各车间、部门耗用辅助生产车间的劳务量

	机修车间（工时）	供汽车间（立方米）
供汽车间	600	
机修车间		1 200
基本生产车间	6 000	24 000
专设销售机构	1 000	3 000
企业管理部门	5 000	2 400
合计	12 600	30 600

表 12　　转载机、刮板输送机两种产品耗用工时量

	转载机	刮板输送机
耗用工时	1 000	9 000
合计	1 000	9 000

表 13　　在产品数量、当月投产数量及完工数量

项目	转载机	刮板输送机
月初在产品	25	3
本月投入	75	17
本月完工产品	80	16
月末在产品	20	4
完工程度	50%	50%

（三）核算方法

1. 货币资金核算

库存现金：实行库存限额管理，按《中华人民共和国现金管理暂行条例》的有关规定执行。

银行存款：企业开户银行为中国工商银行佛山市分行南海支行，账号为2009004209026400，在佛山市工商银行证券公司办事处开设了“其他货币资金——存出投资额”专户，账号为420902。

备用金：企业职员出差，预支差旅费，出差后一次结清；行政科备用金实行定额备用金制度。

结算方式：库存现金、现金支票、转账支票、银行汇票、商业承兑汇票、银行承兑汇票、汇兑、委托收款、托收承付等。

2. 销售

销售产品：收到的库存现金以及各种票据当日送存银行。销售时若有现金折扣，在实际发生时确认为当期财务费用，现金折扣只折扣价款，不含增值税。

坏账处理：年末，按应收账款余额百分比法计提坏账准备（包括应收账款、其他应收款），提取比例为3%。

3. 工资管理

发放工资时由银行代发，企业代扣的个人所得税通过“应交税费”科目核算；代扣住房公积金通过“应交税费”科目核算；其他代扣款均采用“其他应付款”科目核算。工资采用先发放后分配的办法。

按工资总额的2%计提工会经费，按工资总额的2.5%计提职工教育经费。

4. 存货核算

存货包括原材料、包装物及低值易耗品、库存商品、发出商品等，其中：原材料包括原料及主要材料、燃料、辅助材料和包装材料4类，按计划成本核算，除包装材料外，其余3种材料需按类计算材料成本差异率，材料成本差异月末一次集中结转。

包装物及低值易耗品、库存商品按实际成本核算，包装物及低值易耗品中的包装物领用属一次性领用、低值易耗品领用摊销根据具体情况定。

5. 固定资产核算

企业固定资产分两大类：房屋建筑物和机器设备，分属于不同部门。

6. 成本计算

采用品种法计算产品成本；企业的各项费用按经济用途分类，其中直接材料、直接人工和制造费用计入产品成本，其余计入期间费用；辅助生产费用按受益对象采用直接分配法进行分配；期末按生产工时的比例分配制造费用；期末产品成本在完工产品和未完工产品之间的分配采用约当产量法，按50%完工程度计算。

7. 税费计算

增值税税率 17%，营业税税率 5%，城建税及教育费附加分别按流转税的 7%和 3%计算，按月交纳。所得税税率为 25%。

8. 其他

按税后利润的 10%提取法定盈余公积金，按 5%计提任意盈余公积金。年末可根据盈利情况按比例向投资者分配利润。

（四）会计资料

南方机械有限责任公司 2015 年 12 月发生业务如下。

1-1/2

中国工商银行 借款凭证 （回单）

单位编号：　　　　日期:2015 年 12 月 1 日　　　　银行编号：0120

借款人	名　称	南方机械有限责任公司	收款人	名　称	南方机械有限责任公司
	账　号	2009004209026400		往来账号	2009004209012345
	开户银行	工行佛山南海支行		开户银行	工行佛山南海支行
借款期限（最后还款日）		2016 年 3 月 31 日	借款计划指标		

借款申请金额	人民币：贰拾万元整 (大写)		千	百	十	万	百	十	元	角	分
				¥	2	0	0	0	0	0	0
借款原因及用途	生产经营周转用	银行核对金额	千	百	十	万	百	十	元	角	分
				¥	2	0	0	0	0	0	0

期限	计划还款日期	√	计划还款金额	分次还款记录	期次	还款日期	还款金额	结欠
1	2015 年 12 月 31 日		1 200					
2	2016 年 1 月 31 日		1 200					
3	2016 年 2 月 28 日		1 200					
4	2016 年 3 月 31 日		201 200					

备注：月利率 6‰，期限 4 个月

上述借款业务已同意贷给并转入你单位往来账户，借款到期时应按期归还。

此致

借款单位

工商银行佛山南海支行 财务专用章

(银行盖章)　2015 年 12 月 1 日

1-2/2

中国工商银行 进 账 单（收账通知）

2015 年 12 月 1 日　　　　第 65 号

收款人	全　称	南方机械制造公司	付款人	全　称	工商银行佛山南海支行
	账　号	2009004209026400		账　号	77846812345
	开户银行	工行佛山南海支行		开户银行	工行佛山营业部

人民币（大写）	千	百	十	万	千	百	十	元	角	分
贰拾万元整		¥	2	0	0	0	0	0	0	0

票据种类	借款凭证	收款人开户行盖章 工行佛山南海支行 2015.12.01 收 讫
票据张数	1 张	
单位主管：　会计： 复　核：　记账：		

此联是持票人开户行给持票人的收账通知

2-1/2

中国工商银行 贷 款 申 请 书（第四联）

贷款日期：2015 年 12 月 1 日　　　　字 687985 号

贷款单位全称	南方机械有限责任公司	贷款户账　号	2009004209026400	存款户账　号	2009004209026400

贷款金额（大写）	亿	千	百	十	万	千	百	十	元	角	分
肆佰万元整		¥	4	0	0	0	0	0	0	0	0

贷款种类	购建设备	年利息率	5%	约定还款日期：2017 年 12 月 1（每季度计息一次，到期还本付息）

上列借款已核准发放并转入指定账户 工商银行佛山南海支行 财务专用章 致 （银行签章）	备注

2-2/2

中国工商银行 进 账 单（收账通知）

2015 年 12 月 1 日　　　　第 49 号

<table>
<tr><td rowspan="3">收款人</td><td>全　称</td><td>南方机械制造公司</td><td rowspan="3">付款人</td><td>全　称</td><td colspan="10">张山市工商银行桥东支行</td></tr>
<tr><td>账　号</td><td>2009004209026400</td><td>账　号</td><td colspan="10">68468123405</td></tr>
<tr><td>开户银行</td><td>工行佛山南海支行</td><td>开户银行</td><td colspan="10">工行佛山营业部</td></tr>
<tr><td rowspan="2">人民币（大写）</td><td colspan="3" rowspan="2">肆佰万元整</td><td>千</td><td>百</td><td>十</td><td>万</td><td>千</td><td>百</td><td>十</td><td>元</td><td>角</td><td>分</td></tr>
<tr><td>¥</td><td>4</td><td>0</td><td>0</td><td>0</td><td>0</td><td>0</td><td>0</td><td>0</td><td>0</td></tr>
<tr><td>票据种类</td><td>借款凭证</td><td colspan="12" rowspan="3">工行佛山南海支行
2015.12.01
收讫
收款人开户行盖章</td></tr>
<tr><td>票据张数</td><td>1 张</td></tr>
<tr><td colspan="2">单位主管：　会计：
复　核：　记账：</td></tr>
</table>

此联是持票人开户行给持票人的收账通知

3-1/2

门面房出租协议

第一条　本合同的各方如下。

甲方：南方机械有限责任公司（以下简称甲方）。法定地址：中国广东省南海区中山路 100 号。法人代表：杜欣。

乙方：利达五金电器商行（以下简称乙方）。法定地址：中国广东省南海区中山路 57 号。法人代表：李永。

第二条　甲方将拥有的门面房 150 平方米出租给乙方。租期 3 年，到期后乙方有优先租赁权。

第三条　租金每月 9 000 元，每月月底支付。

第四条　为保证乙方履行义务，甲方在合同签定日收取乙方押金 10 000 元，合同期满后归还乙方。

……

第八条　协议自签定之日起生效。

甲方（公章）：南方机械有限责任公司　　乙方（公章）：利达五金电器商行

（印章：南方机械有限责任公司 公章）　　（印章：利达五金电器商行 公章）

甲方代表（签字）：杜欣　　乙方代表（签字）：李永

2015 年 12 月 1 日　　2015 年 12 月 1 日

3-2/2

中国工商银行 进 账 单（收账通知）

2015 年 12 月 1 日　　　　第 83 号

收款人	全　称	南方机械有限责任公司	付款人	全　称	利达五金电器商行	此联是持票人开户行给持票人的收账通知
	账　号	2009004209026400		账　号	2009004209087954	
	开户银行	工行佛山南海支行		开户银行	工行佛山营业部	

人民币（大写）	壹万元整	千	百	十	万	千	百	十	元	角	分
				¥	1	0	0	0	0	0	0

票据种类	转账支票	
票据张数	1 张	
单位主管：　会计： 复　核：　记账：		收款人开户行盖章 （工行佛山南海支行 2015.12.01 收讫）

4-1/1

中国工商银行 进 账 单（受理证明） 1

2015 年 12 月 5 日　　　　第 0721 号

收款人	全　称	南方机械有限责任公司（投资专户）	付款人	全　称	南方机械有限责任公司	此联是收款人开户银行给收款人的回单
	账　号	8455661247－3253		账　号	2009004209026400	
	开户银行	工商银行佛山证券部		开户银行	工行佛山南海支行	

人民币（大写）	伍拾万元整	千	百	十	万	千	百	十	元	角	分
			¥	5	0	0	0	0	0	0	0

票据种类	转账支票	
票据张数	1 张	
单位主管：　会计： 复　核：　记账：		收款单位开户行盖章 （工行佛山南海支行 2015.12.05 付讫）

注：向证券交易所划出资金。

5-1/4

广东省增值税专用发票

No230062456

开票日期：2015 年 12 月 02 日

购货单位	名称：南方机械有限责任公司 纳税人识别号：200603003456789O 地址、电话：佛山市南海区中山路 100 号 开户行及账号：工行南支 2009004209026400			密码区			
货物或应税劳务名称	规格型号	单位	数量	单价	金额	税率	税额
生铁		吨	25	1 400	35 000.00	17%	5 950.00
合　计：			25		35 000.00		5 950.00
价税合计（大写）	肆万零玖佰伍拾元整			（小写）￥40 950.00			
销货单位	名称：广东铝业有限责任公司 纳税人识别号：670102800317478 地址、电话：广东湛江 开户行及账号：532901040000737			备注			

收款人：　　　复核：　　　开票人：万里　　　销货单位：（章）

第二联：发票联　购货方记账凭证

5-2/4

广东省增值税专用发票

No230062456

开票日期：2015 年 12 月 02 日

购货单位	名称：南方机械有限责任公司 纳税人识别号：2006030034567890 地址、电话：佛山南海区中山路 100 号 开户行及账号：工行南支 2009004209026400			密码区			
货物或应税劳务名称	规格型号	单位	数量	单价	金额	税率	税额
生铁		吨	25	1 400	35 000.00	17%	5 950.00
合　计：			25		35 000.00		5 950.00
价税合计（大写）	肆万零玖佰伍拾元整			（小写）￥40 950.00			
销货单位	名称：广东铝业有限责任公司 纳税人识别号：670102800317478 地址、电话：广东湛江 开户行及账号：532901040000737			备注			

收款人：　　　复核：　　　开票人：万里　　　销货单位：（章）

第一联：抵扣联　购货方抵扣凭证

5-3/4

广东省公路内河货物运输业统一发票

备查号　　　　　　　　　　　　　　　　　　　　发票代码：557030411102

开票日期　2015-12-2　　　　　　　　　　　　　　发票号码：00007456

机打代码 机打号码 机器编号	237030411102 00007457	税控码	
收货人及纳税人识别号	南方机械有限公司 2006030034567890	承运人及纳税人识别号	联运公司 370102800965337
发货人及纳税人识别号	广东铝业公司 370102800317373	主管税务机关及代码	237030503
运输项目及金额	货物名称　数量　运费金额 生铁　25 吨　2 000	其他项目及金额	备注　（手写无效）
运费小计	¥2 000.00	其他费用小计	
合计（大写）	贰仟元整	（小写）¥2 000.00	
代开单位及代码	佛山市地税局 237030503	扣缴税率完税凭证号码	

开票人：李力

第二联　发票联　付款访记账凭证

5-4/4

邮

第 0362 号

托收号码：

中国工商银行 托收承付结算凭证（支款凭证）

委托日期：2015 年 12 月 2 日

承付期限

到期

收款单位	全　称	广东铝业公司			付款单位	全　称	南方机械有限责任公司							
	账　号	232901040000313				账号或地址	2009004209026400							
	开户银行	农行湛江	行号	35587		开户银行	工行佛山南海支行							
托收金额	人民币（大写）肆万贰仟玖佰伍拾元整					千	百	十	万	千	百	十	元	角	分
								¥	4	2	9	5	0	0	0

附件		商品发运情况	合同名称号码
附寄单证张数或册数	2 张	已发出	

备注 代垫运费 240	银行意见： 农行湛江西口支行 2015.12.03 付讫 （收款单位开户行盖章）　月　日	科目（付）………… 对方科目（收）…… 转账　年　月　日 复核员：　记账员：

付款单位开户行收到日期　2015 年 12 月 3 日

6-1/1

收　料　单

材料科目：原材料　　　　编号：53

材料类别：原料及主要材料　　　　收料仓库：3 号仓库

供应单位：广东铝业公司　　2015 年 12 月 5 日　　发票号码：001423

材料编号	材料名称	规格	计量单位	数量		实际价格				计划价格	
				应收	实收	单价	发票金额	运费	合计	单价	金额
002	生铁		吨	25	25	1 474.4	35 000	1 860	36 860	1 400	35 000
备注											

采购员：李振江　　检验员：王连富　　记账员：李海波　　保管员：李达

7-1/3

河北省增值税专用发票

No130062412

开票日期：2015 年 12 月 7 日

购货单位	名　　称： 纳税人识别号： 地 址、电 话： 开户行及账号：	南方机械有限责任公司 2006030034567890 佛山南海区中山路 100 号 工行南支 2009004209026400		密码区			
货物或应税劳务名称	规格型号	单位	数量	单价	金额	税率	税额
办公桌		张	4	300.00	1 200.00	17%	204.00
办公椅		把	4	50.00	200.00	17%	34.00
合　计：					1 400.00		238.00
价税合计（大写）	壹仟陆佰叁拾捌元整			（小写）¥1 638.00			
销货单位	名　　称： 纳税人识别号： 地 址、电 话： 开户行及账号：	东方家具城 370103002245765 232901040024124		备注			

收款人：　　　　复核：　　　　开票人：王宏　　　　销货单位：（章）

东方家具城 发票专用章

第二联：发票联　购货方记账凭证

7-2/3

广东省增值税专用发票

No130062412

广东省 国家税务局监制

开票日期：2015 年 12 月 07 日

购货单位	名称：南方机械有限责任公司 纳税人识别号：2006030034567890 地址、电话：佛山南海区中山路 100 号 开户行及账号：工行南支 2009004209026400			密码区			
货物或应税劳务名称	规格型号	单位	数量	单价	金额	税率	税额
办公桌		张	4	300.00	1 200.00	17%	204.00
办公椅		把	4	50.00	200.00	17%	34.00
合　计：					1 400.00		238.00
价税合计（大写）	壹仟陆佰叁拾捌元整　　（小写）￥1 638.00						
销货单位	名称：东方家具城 纳税人识别号：370103002245765 地址、电话： 开户行及账号：232901040024124			备注			

第一联：抵扣联　购货方抵扣凭证

收款人：　　复核：　　开票人：王宏　　销货单位：（章）

东方家具城 发票专用章

7-3/3

周转材料
入库单

字第 456 号

2015 年 12 月 7 日　　单位：元

发货地点			供应单位	东方家具城			备注		
库名	编号	名称	单位	规格	入库			单张据数	实收	
					数量	单价	金额		数量	金额
		办公桌	张		4	300.00	1 404.00		4	1 404.00
		办公椅	把		4	50.00	234.00		4	234.00

三联送交财务会计

会计：刘进东　　保管：李达　　采购员：李振江　　制单：李达

8-1/3

广东省增值税专用发票

No130062140

全国统一发票监制章 广东省 国家税务局监制

此联不作报销、扣税凭证使用

开票日期：2015 年 12 月 8 日

<table>
<tr><td rowspan="4">购货单位</td><td>名　　称：</td><td colspan="4">合山煤矿有限公司</td><td rowspan="4">密码区</td><td colspan="3" rowspan="4"></td></tr>
<tr><td>纳税人识别号：</td><td colspan="4">2709823100431730</td></tr>
<tr><td>地 址、电 话：</td><td colspan="4">柳州市 07724578661</td></tr>
<tr><td>开户行及账号：</td><td colspan="4">工行营业部 2578991102</td></tr>
<tr><td colspan="2">货物或应税劳务名称</td><td>规格型号</td><td>单位</td><td>数量</td><td>单价</td><td>金额</td><td>税率</td><td>税额</td></tr>
<tr><td colspan="2">刮板输送机</td><td></td><td>台</td><td>10</td><td>25 000</td><td>250 000.00</td><td>17%</td><td>42 500.00</td></tr>
<tr><td colspan="2">合　计：</td><td></td><td></td><td></td><td></td><td>250 000.00</td><td></td><td>42 500.00</td></tr>
<tr><td colspan="2">价税合计（大写）</td><td colspan="7">贰拾玖万贰仟伍佰元整　　（小写）¥292 500.00</td></tr>
<tr><td rowspan="4">销货单位</td><td>名　　称：</td><td colspan="4">南方机械有限责任公司</td><td rowspan="4">备注</td><td colspan="3" rowspan="4"></td></tr>
<tr><td>纳税人识别号：</td><td colspan="4">2006030034567890</td></tr>
<tr><td>地 址、电 话：</td><td colspan="4">佛山南海区中山路 100 号</td></tr>
<tr><td>开户行及账号：</td><td colspan="4">工行南支 2009004209026400</td></tr>
</table>

收款人：　　复核：　　开票人：李力　　销货单位：（章）

南方机械有限责任公司 发票专用章

第三联：记账联　销货方记账凭证

8-2/3

商业承兑汇票 2

IX IV42476901

签发日期：2015 年 12 月 08 日　　　　第 105 号

付款方	全　称	合山煤矿有限责任公司			收款人	全　称	南方机械有限责任公司		
	账　号	20012578991102				账　号	2009004209026400		
	开户银行	工行营业部	行号	1 346		开户银行	工行佛山支行	行号	678

汇票金额	人民币：贰拾玖万贰仟伍佰元整（大写）	千	百	十	万	千	百	十	元	角	分
			¥	2	9	2	5	0	0	0	0

汇票到期日	贰零壹伍 年 零叁 月 零叁 日	交易合同号	18676
本汇票一经本单位承诺，到期日无条件支付票款。 此致 合山煤矿有限责任公司 财务专用章 付款人盖章 负责：王梅　经办：刘永　2015 年 12 月 3 日		本汇票请予以承兑与到期日付款利率（年）7.2%。 合山煤矿有限责任公司 财务专用章 汇票签发人盖章 负责：王梅　经办：刘永　2015 年 12 月 3 日	

此联收款人开户行随结算凭证寄付款行
人开户行作借方凭证附件

8-3/3

出库通知单

2015 年 12 月 24 日　　　　第 8 号

编号	名称	规格	单位	应发数量	实发数量	单位成本	总价 十	万	千	百	十	元	角	分	附注
	刮板输送机		台	10	10	15 000	1	5	0	0	0	0	0	0	
	合计						1	5	0	0	0	0	0		

附单据　张

会计：　　仓库主管：　　保管：　　经手：　　制单：

9-1/1

中国工商银行
现金支票存根
Ⅳ Ⅱ 70496045
科　　目＿＿＿＿＿＿
对方科目＿＿＿＿＿＿
出票日期　2015 年 12 月 9 日

收款人：南方机械有限责任公司
金　额：3 000.00
用　途：补足备用金

单位主管：王海　　会计：李海波

南方机械有限……财务专……

10-1/1

中国工商银行 进 账 单（收账通知）

2015 年 12 月 11 日　　第 133 号

收款人	全　称	南方机械有限责任公司	付款人	全　称	威力有限责任公司									
	账　号	20012578991102		账　号	45670080002									
	开户银行	工行佛山南海支行		开户银行	工行佛山营部									
人民币（大写）		叁拾捌万陆仟元整		千	百	十	万	千	百	十	元	角	分	
					¥	3	8	6	0	0	0	0	0	
票据种类		银行汇票	收款人开户行盖章 张山市工行桥东支行 2015.12.11 收 讫											
票据张数		1 张												
单位主管：　会计： 复　核：　记账：														

此联是持票人开户行给持票人的收账通知

11-1/2

广东省增值税专用发票

No130062140

此联不作报销、扣税凭证使用

开票日期：2015 年 12 月 11 日

购货单位	名　　称：广州鸿运有限责任公司 纳税人识别号：150011269813457 地 址、电 话：广州市天河区 开户行及账号：北京路支行 542-17				密码区		
货物或应税劳务名称	规格型号	单位	数量	单价	金额	税率	税额
刮板输送机		台	2	25 000	50 000.00	17%	8 500.00
转载机		台	10	3 000	30 000.00	17%	5 100.00
合　计：					80 000.00		13 600.00
价税合计（大写）	×玖万叁仟陆佰元整				（小写）¥93 600.00		
销货单位	名　　称：南方机械有限责任公司 纳税人识别号：2006030034567890 地 址、电 话：佛山南海区中山路 100 号 开户行及账号：工行南支 2009004209026400				备注		

收款人：　　　　复核：　　　　开票人：李力　　　　销货单位：（章）

第三联：记账联　销货方记账凭证

11-2/2

出 库 通 知 单

2015 年 12 月 24 日　　　　第 8 号

编号	名称	规格	单位	应发数量	实发数量	单位成本	总价 十	万	千	百	十	元	角	分	附注
	转载机		台	10	10	1 800		1	8	0	0	0	0	0	
	刮板输送机		台	2	2	15 000		3	0	0	0	0	0	0	
	合计						¥	4	8	0	0	0	0	0	

附单据　张

会计：　　仓库主管：　　保管：　　经手：　　制单：

12-1/1

中国工商银行 贴 现 凭 证（收账通知） 4

申请日期 2015 年 12 月 15 日　　　　No 24568

持票人	名称	南方机械有限责任公司	贴现汇票	种类	商业承兑汇票	号码	SC 02587
	账号	2009004209026400		发票日	2015 年 11 月 15 日		
	开户银行	工行佛山南海支行		到期日	2016 年 2 月 15 日		

汇票承兑人（或银行）	名称	宏利煤矿	账号	24031694122	开户银行	工行泰西营业部

汇票金额（即贴现金额）	人民币（大写）：壹万捌仟元整	千	百	十	万	千	百	十	元	角	分
				¥	1	8	0	0	0	0	0

贴现率 每 月	5‰	贴现利息	千	百	十	万	千	百	十	元	角	分	实付贴现额	千	百	十	万	千	百	十	元	角	分
								¥	9	0	0	0				¥	1	7	9	1	0	0	0

上述款项已入你单位账户。

此致

银行盖章

2015 年 12 月 15 日

工行佛山南海支行 2015.12.10 转 讫

备注：

此联是银行该给贴现申请人的收账通知

13-1/2

中国工商银行

转账支票存根

Ⅳ Ⅱ 20496025

科　　目＿＿＿＿＿＿

对方科目＿＿＿＿＿＿

出票日期　2015 年 12 月 15 日

南方机械有 财务专

收款人：佛山第一建筑公司
金　额：1 200 000.00
用　途：支付工程款

单位主管：王海　　　会计：李海波

13-2/2

广东省建筑安装行业专用发票

No822612

全国统一发票监制章 广东省 国家税务局监制

客户名称：南方机械有限责任公司　　　　2015 年 12 月 15 日

项目	单位	数量	单价	金额									
				千	百	十	万	千	百	十	元	角	分
B1 扩建					1	2	0	0	0	0	0	0	0
人民币合计（大写）壹佰贰拾万元整				¥	1	2	0	0	0	0	0	0	0
备注：建造合同号码 062534													

第一联发票

佛山第一建筑公司 发票专用章

收款单位（盖章）　　会计：　　复核：于纳　　制单：张静

14-1/3

中国工商银行 信 汇 凭 证（回单）1

汇款单位编号　　委托日期：2015 年 12 月 15 日　　第 0789209 号

收款单位	全称	威力机械制造有限公司	威力机械制造有限公司	汇款单位	全称	南方机械有限责任公司	南方机械有限责任公司
收款单位	账号或地址	515008090016	515008090016	汇款单位	账号或地址	2009004209026400	2009004209026400
收款单位	汇入地点：江西省	汇入行名称	工行南昌营业部	汇款单位	汇出地点：广东省	汇出行名称	工行佛山南海支行

金额		千	百	十	万	千	百	十	元	角	分
人民币（大写）	肆万叁仟伍佰贰拾肆元整			¥	4	3	5	2	4	0	0

汇款用途：设备款	（汇出行盖章）
上列款项已根据委托办理，如须查询，请持此回单来行面洽。	工行南海支行 2015.12.04 付讫

单位主管：　　会计：　　复核：　　记账：　　　　2015 年 12 月 15 日

14-2/3

江西省增值税专用发票

No130062140

开票日期：2015 年 12 月 15 日

购货单位	名称：南方机械有限责任公司 纳税人识别号：2006030034567890 地址、电话：佛山南海区中山路 100 号 开户行及账号：工行南支 2009004209026400				密码区			
货物或应税劳务名称	规格型号	单位	数量	单价	金额	税率	税额	
线切割机床	DK77160	台	2	18 600	37 200.00	17%	6 324.00	
合　计：					37 200.00		6 324.00	
价税合计（大写）	肆万叁仟伍佰贰拾肆元整　　（小写）¥43 524.00							
销货单位	名称：威力机械制造有限公司 纳税人识别号：5103626455456546 地址、电话：江西南昌市西山路 78 号 06150027605429 开户行及账号：工行南昌 5150088096001				备注			

收款人：　　复核：　　开票人：张达　　销货单位：（章）

第二联：发票联 购货方记账凭证

14-3/3

固定资产验收交接单

No00087562

2015 年 12 月 15 日　　金额单位：元

资产编号	资产名称	型号规格或结构面积	计量单位	数量	设备价值或工程造价	设备基础及安装费用	附费	合计
	线切割机床	DK77160	台	2	43 524			43 524
资产来源		耐用年限			主要附属设备	1		
制造厂名		估计残值				2		
制造日期及编号		基本折旧率				3		
工程项目或使用部门		复杂系数				4		

本单分送财务部门、交接双方及上级资产管理部门

15-1/4

委收号码：0224511

委 邮

中国工商银行 委托收款凭证（支款通知） 5

委托日期：2015 年 12 月 15 日

收款单位				付款单位		
全　称	通州双力机电有限公司			全　称	南方机械有限责任公司	
账　号或地址	637844010026902012			账　号或地址	2009004209026400	
开　户银　行	建行通州营业部	行号	567	开　户银　行	工行佛山南海支行	

委收金额	人民币（大写）贰拾捌万零捌佰元整	千	百	十	万	千	百	十	元	角	分
			¥	2	8	0	8	0	0	0	0

款项内容	货款	委托收款凭据名	发票	附寄单证张数	3

备注	付款人注意：
工行南海支行 2015.12.15 付 讫	1. 根据结算办法，上列委托收款，如在付款期限内未据付，即视同全部同意付款，以此联代付款通知。 2. 如需提前付或多付款时，应另写书面通知送银行办理。 3. 如系全部或部分据付，应在付款期限内另填拒绝付款理由书送银行办理。

此联付款人开户银行给付款人按期付款的通知

单位主管：　　会计：李佳　　复核：李天鹏　　记账：王丽会

15-2/4

河北省增值税专用发票

No130062140

（全国统一发票监制章 河北省 国家税务局监制）

开票日期：2015 年 12 月 15 日

购货单位	名称：南方机械有限责任公司 纳税人识别号：2006030034567890 地址、电话：佛山南海区中山路 100 号 开户行及账号：工行南支 2009004209026400				密码区			
货物或应税劳务名称	规格型	单位	数量	单价	金额	税率	税额	
线切割机床	ENC-E60A	台	1	240 000	240 000.00	17%	40 800.00	
合　计：					240 000.00		40 800.00	
价税合计（大写）	贰拾捌万零捌佰元整　　（小写）￥280 800.00							
销货单位	名称：通州双力机电有限公司 纳税人识别号：5103626400844576 地址、电话：河北省通州市南京路 25 号 开户行及账号：通州工行 5150688065665				备注			

收款人：　　　　复核：　　　　开票人：张宏达　　　　销货单位：（章）

（通州双力机电有限公司 发票专用章）

第二联：发票联　购货方记账凭证

15-3/4

中国工商银行

转账支票存根

Ⅳ Ⅱ 20496025

科　　目__________

对方科目__________

出票日期　2015 年 12 月 15 日

（南方机械有限责任公司 财务专用章）

收款人：佛山市安装公司
金　额：2 000.00
用　途：付设备安装费

单位主管：王海　　　会计：李海波

15-4/4

广东省建筑安装行业专用发票　　No821023

全国统一发票监制章 广东省 国家税务局监制

客户名称：南方机械有限责任公司　　2015 年 12 月 15 日

项目	单位	数量	单价	金额									
				千	百	十	万	千	百	十	元	角	分
支付设备安装费								2	0	0	0	0	0
人民币合计（大写）贰仟元整							¥	2	0	0	0	0	0
备注：建造合同号码 06231[illegible]													

第一联发票

收款单位（盖章）　佛山市安装公司 财务专用章　　会计：　　复核：于立　　制单：王静

16-1/1

固定资产交接（验收）单

2015 年 12 月 18 日

固定资产编号	名称	规格	型号	计量单位	数量	建造单位	建造编号	资金来源	附属技术资料
20-7	M220 机床			台	1			自有	
总价（净值）	土建工程费	设备费	安装费	运杂费	包装费	其他	合计	预计年限	净残值率
		280 800	2 000				282 800	10	5%
附属设备或建筑						原值		已提折旧	
验收意见	合格，交生产使用	验收人签章	王一			保管使用人签章		张雨	

17-1/5

固定资产出售（调拨）单

2015 年 12 月 18 日

编号	088-12	数量	2	规定使用年限	10	已提折旧	100 000
名称	光谱仪	启用时间	2000	已使用年限	8	净　值	80 000
规格		停用时间	2015	原值	180 000	出售价格	30 000

固定资产出售（调拨）理由	调入单位名称	广东机械厂	
铸造车间因从日本引进最新 26 通道光谱仪分析检测，原光谱仪低价售出。	所有制性质	国有	
	无偿调拨或价拨	有偿	
	备注		
	调入单位签字	设备科签字	主管厂长签字
	杨兰 2015.12.18	李光 2015.12.18	该设备处理意见已达成共识，同意处理。 陈华 2015.12.18

17-2/5

中国工商银行　进账单　（回单）　1

2015 年 12 月 18 日　　　　第　6624　号

付款人			收款人		
全　称	广东机械厂		全　称	南方机械有限责任公司	
账　号	145685364657012		账　号	2009004209026400	
开户银行	工商银行广州		开户银行	工行佛山南海支行	

人民币（大写）	千	百	十	万	千	百	十	元	角	分
叁万元整			¥	3	0	0	0	0	0	0

票据种类	银行汇票	收款单位开户行盖章
票据张数	1 张	工行佛山南海支行 2015.12.18 收讫
单位主管：　会计： 复核：　记账：		

此联是收款人开户银行给收款人的回单

17-3/5

营业税计算单

2015 年 12 月 18 日

计税金额	税率	营业税
30 000	5%	1 500

制表： 复核：

17-4/5

专 用 发 票

全国统一发票监制章
广 东 省
国家税务局监制

No010210

客户名称：广东机械厂 2015 年 12 月 18 日

产品名称	单位	数量	单价	金额									
				千	百	十	万	千	百	十	元	角	分
废旧光谱仪	台	1	30 000				3	0	0	0	0	0	0
人民币合计（大写）叁万元整						¥	3	0	0	0	0	0	0

结算方式	支票	合同号码		提货地点	
备注：					

第三联记账

收款单位（盖章） 会计：张娜 复核： 制单：丁华西

南方机械有限责任公司
财务专用章

17-5/5

固定资产清理损益计算表

2015 年 12 月 21 日

清理项目	光谱仪	清理原因	报废
固定资产清理借方发生额		固定资产清理贷方发生额	
清理支出内容	金额	清理收入内容	金额
固定资产净值		固定资产报废残值	
营业税			
借方合计		贷方合计	
固定资产清理 净收益/净损失 金额：			

复核： 刘进东 制单： 张一鸣

18-1/3

广东省增值税专用发票

No230062140

全国统一发票监制章 广东省 国家税务局监制

开票日期：2015 年 12 月 19 日

购货单位	名称：南方机械有限责任公司 纳税人识别号：2006030034567890 地址、电话：佛山南海区中山路 100 号 开户行及账号：工行南支 2009004209026400	密码区	

货物或应税劳务名称	规格型号	单位	数量	单价	金额	税率	税额
圆钢	M15	吨	100	3 200	320 000.00	17%	54 400.00
合　计：					320 000.00		54 400.00
价税合计（大写）	叁拾柒万肆仟肆佰元整				（小写）￥374 400.00		

销货单位	名称：全福机械厂 纳税人识别号：2903067849011123 地址、电话：佛山东海路 190 号 开户行及账号：工商银行佛山东海办事处	备注	

收款人： 复核： 开票人： 方达 销货单位：（章）

全福机械厂 发票专用章

第二联：发票联 购货方记账凭证

18-2/3

广东省增值税专用发票

No230062140

全国统一发票监制章 广东省 国家税务局监制

开票日期：2015 年 12 月 19 日

购货单位	名　　称：南方机械有限责任公司 纳税人识别号：2006030034567890 地 址、电 话：佛山南海区中山路 100 号 开户行及账号：工行南支 2009004209026400	密码区					
货物或应税劳务名称	规格型号	单位	数量	单价	金额	税率	税额
圆钢	M15	吨	100	3 200	320 000.00	17%	54 400.00
合　计：					320 000.00		54 400.00
价税合计（大写）	叁拾柒万肆仟肆佰元整　（小写）¥374 400.00						
销货单位	名　　称：全福机械厂 纳税人识别号：2903067849011123 地 址、电 话：佛山东海路 190 号 开户行及账号：工商银行佛山东海办事处	备注					

第一联：抵扣联　购货方抵扣凭证

收款人：　　复核：　　开票人：方达　　销货单位：（章）

全福机械厂 发票专用章

18-3/3

收　料　单

材料科目：原材料　　编号：103

材料类别：原料及主要材料　　收料仓库：2 号仓库

供应单位：全福机械厂　　2015 年 12 月 19 日　　发票号码：007430

材料编号	材料名称	规格	计量单位	数量 应收	数量 实收	实际价格 单价	实际价格 发票金额	实际价格 运费	实际价格 合计	计划价格 单价	计划价格 金额
042	圆钢	M15	吨	100	100	3 200	320 000	0	320 000	3 000	320 000
备注											

采购员：李振江　　检验员：王连富　　记账员：李海波　　保管员：李达

19-1/1

中国工商银行

转账支票存根

Ⅳ Ⅱ 20496025

科　　目________________

对方科目________________

出票日期　2015 年 12 月 20 日

南方机械有

财务专

收款人：全福机械厂
金　额：374 400.00
用　途：支付货款

单位主管：王海　　会计：李海波

20-1/6

固定资产卡片（正）

号码：100185

名称	货车	资产编号	2-10068
型号（结构）		规格	吨位：2.2 吨
制（建）造厂	北京汽车厂	出厂时间	2004 年 5 月
使用单位	铸造车间	出厂编号	
资金来源		折旧年限	10 年
列账凭证		启用年月	2005 年 12 月
附件或附属物		固定资产原价	12.4 万元
		年折旧率	
调拨转移记录		预计净残值	6 200 元
报废清理记录		备注	折旧方法：工作量法
中间停用记录			

20-2/6

折旧记录（背）

折旧方法：工作量法

原值：124 000 元　预计净残值：6 200 元　预计工作里程：50 万公里　每公里折旧额：0.235 6									
年份	年工作量	月折旧额	年折旧额	累计折旧额	年份	年工作量	月折旧额	年折旧额	累计折旧额
2006	55 000		12 958	12 958	2011	50 000		11 780	74 214
2007	55 000		12 958	25 916	2012	45 000		10 602	84 816
2008	55 000		12 958	38 874	2013	45 000		10 602	95 418
2009	50 000		11 780	50 654	2014	45 000		10 602	106 020
2010	50 000		11 780	62 434	2015	40 000		9 424	115 444

20-3/6

固定资产报废申请书

申报单位：南方机械有限公司　　　　厂固定资产资产编号：2-10068

名称	货车	出厂时间	2005 年 5 月	出厂编号	
型号、规格	吨位：2.2	投产时间		单位	辆
制造厂		使用单位	铸造车间		
原值（元）	124 000	净值（元）	8 556		
已折旧（元）	115 444	残值（元）	3 000		
报废原因：	该货车已使用 10 年，已到报废时间。 报告人：赵海 2015.12.5				
资产管理部门意见	同意报废 2015 年 12 月 21 日		厂部意见	同意报废 2015 年 12 月 21 日	

20-4/6

报废汽车回收证明　（粤）05438105

回收证明编号：HS-6610000-865-20150305

车主名称	南方机械有限公司		单位性质	国有	地址	广东省佛山南海区中山路100号	
牌照号码	26888	发动机号	458776			车架号	
车辆类型	货车	厂牌型号国别	国产			联系电话	
发证单位（章）		市（地）主管部门（章） 经办人： 2015年12月21日				收车单位（章） 经办人： 2015年12月21日	
备注							

20-5/6

中国工商银行 进 账 单（收账通知）

2015 年 12 月 21 日　　第 323 号

收款人	全　称	南方机械制造公司	付款人	全　称	佛山市回收公司
	账　号	2006030034567890		账　号	3345685088086
	开户银行	工行佛山南海支行		开户银行	工行佛山营业部

人民币（大写）	叁仟元整	千	百	十	万	千	百	十	元	角	分
					¥	3	0	0	0	0	0

票据种类	转账支票 2	
票据张数	1 张	
单位主管：　会计： 复　核：　记账：		工行佛山南海支行 2015.12.21 收讫 收款人开户行盖章

此联是持票人开户行给持票人的收账通知

20-6/6

固定资产清理损益计算表

2015 年 12 月 21 日

清理项目	货车	清理原因	报废
固定资产清理借方发生额		固定资产清理贷方发生额	
清理支出内容	金额	清理收入内容	金额
固定资产净值	8 556.00	固定资产报废残值	3 000.00
营业税	150.00		
清理支出			
借方合计	8 706.00	贷方合计	3 000.00
固定资产清理 ~~净收益~~ 净损失 金额：5 706 元 大写：伍仟柒佰零陆元整			

复核： 刘进东　　制单： 张一鸣

21-1/1

21/12/2015	成交过户交割凭单		买
股东编号：	A225 033 668	成交证券：	国债
电脑编号：	576 447	成交数量：	1 000（股）
公司代号：	468	成交价格：	100.00
申请编号：	126	成交金额：	100 000.00
申报时间：	11:12:42	标准佣金：	0.00
成交时间：	11:28:28	过户费用：	0.00
上次余额：	0（股）	印花税：	0.00
本次成交：	1 000（股）	应付金额：	100 000.00
本次余额：	1 000（股）	附加费用：	0.00
本次库存：	1 000（股）	实付金额：	100 000.00

②通知联

经办单位：　　客户签章 张娜

注：企业购入凭证式三年国债，国债期限三年，作为持有至到期投资管理（国债面值：100 元，发行价格：100 元，计息方式：固定利率，票面利率：3.39%）。

22-1/1

21/12/2015	成交过户交割凭单		卖
股东编号：	A225 033 668	成交证券：	三一股份
电脑编号：	576 447	成交数量：	1 000（股）
公司代号：	468	成交价格：	6.50
申请编号：	3256	成交金额：	6 500.00
申报时间：	10:15:42	标准佣金：	13.00
成交时间	11:27:20	过户费用：	0.00
上次余额：	1 000（股）	印花税：	17.00
本次成交：	1 000（股）	应收金额：	6 470.00
本次余额：	0（股）	附加费用：	0.00
本次库存：	0（股）	实收金额：	6 470.00

经办单位：　　　　　　　　　　　　客户签章 张娜

②通知联

注：将持有的三一股份售出。

23-1/2

佛山市电视台收款收据

全国统一发票监制章 广东佛山市 地方税务局监制

2015年12月22日

交款人	南方机械有限责任公司	交款方式	支票							
栏　目	广告天地	内容	刨煤机广告费							
时间要求	2015年12月10日～20日，每天中、晚各一次		金　额							
金额（大写）	捌仟元整		十	万	千	百	十	元	角	分
				¥	8	0	0	0	0	0

单位盖章　佛山市电视台 财务专用章　　　　　　营业员：李娜

第二联 发票

23-2/2

中国工商银行

转账支票存根

Ⅳ Ⅱ 20496025

科　　目________________

对方科目________________

出票日期　2015 年 12 月 22 日

收款人：佛山市电视台
金　额：8 000.00
用　途：广告费

单位主管：王海　　会计：李海波

南方机械有限
财务专

24-1/2

广东省行政事业单位收费收据

全国统一发票监制章
广东省
地方税务局监制

交款单位：南方机械有限责任公司	收款方式：　支票
交款金额：人民币（大写）叁仟元整	¥3 000.00 元
收款事由： 职工培训费	
	日期：2015 年 12 月 22 日

第一联　收据

佛山市广播电视大学
财务专用章

单位盖章　　财会主管：　记账：　出纳：　复核：　经办：刘红

提示：该企业已提取职工教育经费，并已列入“其他应付款”账户。

24-2/2

中国工商银行

转账支票存根

Ⅳ Ⅱ 20496025

科　　目______________

对方科目______________

出票日期　2015 年 12 月 22 日

南方机械有… 财务专…

收款人：佛山市广播电视大学
金　额：3 000.00
用　途：培训费

单位主管：王海　　　会计：李海波

25-1/3

中国工商银行　进 账 单（回单）　1

2015 年 12 月 3 日　　　　第　6724　号

付款人	全　称	广州鸿达有限责任公司	收款人	全　称	南方机械有限责任公司
	账　号	216853647012		账　号	2009004209026400
	开户银行	工行广州天河支行		开户银行	工行佛山南海支行

人民币（大写）	柒万零贰佰元整	千	百	十	万	千	百	十	元	角	分
				¥	7	0	2	0	0	0	0

票据种类	银行汇票
票据张数	1 张

单位主管：　　会计：

复核：　　记账：

收款单位开户行盖章

工行佛山南海支行
2015.12.03
收讫

此联是收款人开户银行给收款人的回单

25-2/3

广东省增值税专用发票

No130062140

全国统一发票监制章 广东省 国家税务局监制

此联不作报销、扣税凭证使用

开票日期：2015 年 12 月 23 日

购货单位	名称：鸿运有限责任公司 纳税人识别号：150534871306411 地址、电话：佛山市新城区德胜路 213 号 开户行及账号：建行西支 532-12				密码区			
货物或应税劳务名称		规格型号	单位	数量	单价	金额	税率	税额
转载机			台	20	3 000	60 000.00	17%	10 200.00
合计：						60 000.00		10 200.00
价税合计（大写）		柒万零贰佰元整				（小写）¥70 200.00		
销货单位	名称：南方机械有限责任公司 纳税人识别号：200603003456789 0 地址、电话：佛山南海区中山路 100 号 开户行及账号：工行南支 2009004209026400				备注	南方机械有限责任公司 发票专用章		

收款人：　　复核：　　开票人：李力　　销货单位：（章）

第三联：记账联　销货方记账凭证

25-3/3

出库通知单

2015 年 12 月 24 日　　第 8 号

编号	名称	规格	单位	应发数量	实发数量	单位成本	总价 十	万	千	百	十	元	角	分	附注
	转载机		台	20	20	1 800		3	6	0	0	0	0	0	
	合计						¥	3	6	0	0	0	0	0	

会计：　　仓库主管：　　保管：　　经手：　　制单：

附单据　张

26-1/3

广东省增值税专用发票

No130062140

全国统一发票监制章 广东省 国家税务局监制

此联不作报销、扣税凭证使用

开票日期：2015 年 12 月 24 日

购货单位	名　　称：华茂有限责任公司 纳税人识别号：151448039672217 地 址、电 话：广东省佛山市顺德区环城路 281 号 开户行及账号：顺德支行 465-1			密码区			
货物或应税劳务名称	规格型号	单位	数量	单价	金额	税率	税额
转载机		台	28	3 000	84 000.00	17%	14 280.00
合　计：					84 000.00		14 280.00
价税合计（大写）	玖万捌仟贰佰捌拾元整				（小写）¥98 280.00		
销货单位	名　　称：南方机械有限责任公司 纳税人识别号：200603003456789 0 地 址、电 话：佛山南海区中山路 100 号 开户行及账号：工行南支 2009004209026400			备注			

第三联：记账联　销货方记账凭证

收款人：　　复核：　　开票人：李力　　销货单位：（章）

南方机械有限责任公司 发票专用章

26-2/3

商 业 承 兑 汇 票

2015 年 12 月 24 日　　　　X10636354

付款人	全　称	华茂有限责任公司	收款人	全　称	南方机械有限责任公司										
	账　号	465123458		账　号	2009004209026400										
	开户银行	农行广东顺德支行		开户银行	工行佛山南海支行	行号									
汇票金额	人民币（大写）玖万捌仟贰佰捌拾元整				千	百	十	万	千	百	十	元	角	分	
							¥	9	8	2	8	0	0	0	
汇票日期	2015 年 3 月 24 日		交易合同号码		32										
本汇票已经本单位承兑，到期日无条件支付票款。 此致 华茂有限责任公司 财务专用章 付款人（盖章） 2015 年 12 月 24 日			华茂有限责任公司 财务专用章 汇款签发人（盖章） 负责　　经办												

此联收款人开户行随结算凭证寄付款人开户行　作为付出传票附件

26-3/3

出 库 通 知 单

2015 年 12 月 24 日　　　　第 8 号

编号	名称	规格	单位	应发数量	实发数量	单位成本	总价 十	万	千	百	十	元	角	分	附　注
	转载机		台	28	28	1 800		5	0	4	0	0	0	0	商业汇票结算
	合计						¥	5	0	4	0	0	0	0	

附单据　张

会计：　　仓库主管：　　保管：　　经手：　　制单：

27-1/1

中国工商银行 进 账 单 （回单） 1

2015 年 12 月 25 日　　　　第 624 号

付款人	全　称	东海有限责任公司	收款人	全　称	南方机械有限责任公司
	账　号	112685364701221		账　号	2009004209026400
	开户银行	工行佛山东山支行		开户银行	工行佛山南海支行

人民币（大写）	千	百	十	万	千	百	十	元	角	分
肆仟伍佰元整				¥	4	5	0	0	0	0

票据种类	转账支票
票据张数	1 张

单位主管：　　会计：

复核：　　记账：

收款单位开户行盖章

工行佛山南海支行
2015.12.25
收 讫

此联是收款人开户银行给收款人的回单

28-1/3

中国工商银行 进 账 单 （回单） 1

2015 年 12 月 25 日　　　　第 5765 号

付款人	全　称	银宝有限责任公司	收款人	全　称	南方机械有限责任公司
	账　号	686853647012		账　号	2009004209026400
	开户银行	工行佛山解放路支行		开户银行	工行佛山南海支行

人民币（大写）	千	百	十	万	千	百	十	元	角	分
肆仟伍佰元整				¥	4	5	0	0	0	0

票据种类	银行汇票
票据张数	1 张

单位主管：　　会计：

复核：　　记账：

收款单位开户行盖章

工行佛山南海支行
2015.12.25
收 讫

此联是收款人开户银行给收款人的回单

28-2/3

广东省佛山市服务业专用发票

地税监

全国统一发票监制章
广东佛山市
发票联
地方税务局监制

（02813-040835）
8101-0059484

顾客名称：银宝有限责任公司　　地址：佛山市　　2015 年 12 月 25 日

货品名称	规格	单位	数量	单价	超过十万元无效	金额							
						十	万	千	百	十	元	角	分
出租汽车		辆	3	1 500				4	5	0	0	0	0
合　计 人民币	（大写）肆仟伍佰元整						¥	4	5	0	0	0	0

开票人：张强　　收款人：　　收款单位及地址（盖章）

南方机械有限责任公司
发票专用章

28-3/3

营业税计算表

2015 年 12 月 25 日

序号	应税项目	应税金额（元）	营业税税率	应交营业税（元）
1	出租汽车收入	4 500	5%	225
2				
3				
合　计				

制表：刘丽　　复核：

29-1/2

中国财产保险公司

保 险 费 收 款 收 据

2015 年 12 月 25 日

交款人	南方机械有限责任公司	付款方式	支票
交款事由	2016 年度汽车保险费	保险单号	86 765
金额（大写）	叁仟零捌拾元整 ¥3 080.00		
2015 年 12 月 25 日			

第二联 收据

会计主管： 记账： 审核： 出纳： 经办：刘红

29-2/2

中国工商银行

转账支票存根

IV II 20496025

科 目____________

对方科目____________

出票日期 2015 年 12 月 25 日

收款人：中国财保佛山分公司
金 额：3 080.00
用 途：支付保险费

单位主管：王海 会计：李海波

30-1/1

证券价格表

2008 年 12 月 31 日

股票名称	股数	成本	公允价值变动余额	期末市场价格	当期公允价值变动
凭证式国债	1 000	100 000	0	100	
宝钢股份	1 000	10 600	−300	10.5	

31-1/2

中国工商银行　进 账 单（收账通知）

2015 年 12 月 31 日　　　　第 354 号

<table>
<tr><td rowspan="3">收款人</td><td>全　称</td><td>南方机械有限责任公司</td><td rowspan="3">付款人</td><td>全　称</td><td colspan="10">利达五金电器商行</td></tr>
<tr><td>账　号</td><td>2009004209026400</td><td>账　号</td><td colspan="10">68468123405</td></tr>
<tr><td>开户银行</td><td>工行佛山南海支行</td><td>开户银行</td><td colspan="10">工行佛山营业部</td></tr>
<tr><td rowspan="2">人民币（大写）</td><td colspan="4" rowspan="2">玖仟元整</td><td>千</td><td>百</td><td>十</td><td>万</td><td>千</td><td>百</td><td>十</td><td>元</td><td>角</td><td>分</td></tr>
<tr><td></td><td></td><td></td><td>¥</td><td>9</td><td>0</td><td>0</td><td>0</td><td>0</td><td>0</td></tr>
<tr><td>票据种类</td><td>转账支票</td><td colspan="13" rowspan="3">工行佛山南海支行
2015.12.31
收讫
收款人开户行盖章</td></tr>
<tr><td>票据张数</td><td>1 张</td></tr>
<tr><td colspan="2">单位主管：　　会计：
复　核：　　记账：</td></tr>
</table>

此联是持票人开户行给持票人的收账通知

31-2/2

营业税计算表

2015 年 12 月 31 日

序号	应税项目	应税金额（元）	营业税税率	应交营业税（元）
1	出租门面房收入	9 000	5%	450
2				
3				
合　计				

制表：刘丽　　　　复核：

32-1/1

中国工商银行　借款计息通知（付款通知）　3

签发日期：2015 年 12 月 31 日

<table>
<tr><td rowspan="3">付款人</td><td>全称</td><td colspan="3">南方机械有限责任公司</td><td rowspan="3">收款人</td><td>全　称</td><td colspan="10">工商银行佛山南海支行</td></tr>
<tr><td>账号</td><td colspan="3">2009004209026400</td><td>账　号</td><td colspan="10">569846578999999</td></tr>
<tr><td>开户银行</td><td colspan="3">工行佛山南海支行</td><td>开户银行</td><td colspan="4">工行佛山南海支行</td><td colspan="3">行号</td><td colspan="3"></td></tr>
<tr><td rowspan="2">金额</td><td colspan="5" rowspan="2">人民币柒仟贰佰伍拾元整
（大写）</td><td>千</td><td>百</td><td>十</td><td>万</td><td>千</td><td>百</td><td>十</td><td>元</td><td>角</td><td>分</td></tr>
<tr><td></td><td></td><td></td><td>¥</td><td>7</td><td>2</td><td>5</td><td>0</td><td>0</td><td>0</td></tr>
<tr><td>结息期</td><td>10-12 月结息</td><td colspan="2">计息积数</td><td colspan="3"></td><td>利率</td><td colspan="9"></td></tr>
<tr><td colspan="5">备　注：10 月和 11 月已预提利息 5 800 元。</td><td colspan="12">工行佛山南海支行
2015.12.31
付　讫</td></tr>
</table>

33/1/1

中国工商银行

现金支票存根

Ⅳ Ⅱ 20496025

科　　目＿＿＿＿＿＿＿＿

对方科目＿＿＿＿＿＿＿＿

出票日期　2015 年 12 月 31 日

收款人：南方机械有限公司
金　额：336 150.00
用　途：提现备发工资

南方机械有…… 财务专……

单位主管：王海　　会计：李海波

34-1/1

领　料　单（记账联）

No：003458

发料仓库：包装物及低值易耗品仓库　　　　2015 年 12 月 10 日

领料部门	材料类别	材料名称	计量单位	数量		单价	金额	用途
				请领	实领			
生产车间	低值易耗品	工作服	套	6	6	150	900	劳动保护
机修车间		工作服	套	4	4	150	600	劳动保护
供汽车间		工作服	套	3	3	150	450	劳动保护
销售机构		工作服	套	3	3	150	450	劳动保护
厂部		工作服	套	4	4	150	600	劳动保护
合　　计				20	20	150	3 000	

仓库主管：陈青　　　　发料人：严峻　　　　领料人：顾全、计明、龙江、吉林、胡为

35-1/1

收　料　单

No.012001

供货单位：包钢公司

发票号码：011025　　　　2015 年 12 月 20 日　　　　收货仓库：材料库

材料类别	名称及规格	计量单位	数量		实际成本		计划成本		成本差异
			应收	实收	单价	金额	单价	金额	
原材料	圆钢	吨	40	40	3 300	132 000	3 000	120 000	

记账联

质量检验：李的　　　　收料：张左　　　　制单：严峻

36-1/1

收　料　单

No.012001

供货单位：包钢公司

发票号码：011042　　　　2015 年 12 月 25 日　　　　收货仓库：材料库

材料类别	名称及规格	计量单位	数量		实际成本		计划成本		成本差异
			应收	实收	单价	金额	单价	金额	
原材料	生铁	吨	50	50	1 360	68 000	1 400	70 000	

记账联

质量检验：李的　　　　收料：张左　　　　制单：严峻

37-1/3

广州市商业零售统一发票

发　票　联

客户名称：南方机械有限责任公司　　　　2015 年 12 月 26 日　　　　No：1204567

货　号	品名及规格	单位	数量	单价	超十万元无效	金额 万	千	百	十	元	角	分
	公文包	只	50	20.00			1	0	0	0	0	0
合计金额(大写)	零万壹仟零佰零拾零元零角零分					¥	1	0	0	0	0	0
付款方式	转账支票	开户银行及账号		工行中心路办账号 666000								

第2联报销凭证

（印章：广州友谊有限公司 发票专用章）

收款企业(盖章有效)　　　　收款人：刘乐　　　　开票人:何古

37-2/3

办公用品领用单（记账联）

2015 年 12 月 26 日

领用部门	用品类别	用品名称	计量单位	数量		单价	金额	用途
				请领	实领			
生产车间		公文包	只	15	15	20	300	办公用
机修车间		公文包	只	4	4	20	80	办公用
供汽车间	包	公文包	只	4	4	20	80	办公用
销售机构		公文包	只	2	2	20	40	办公用
厂部		公文包	只	25	25	20	500	办公用
合　　计				50	50	20	1 000	

仓库主管：陈青　　发料人：严峻　　领料人：顾全、计明、龙江、吉林、胡为

37-3/3

中国工商银行

转账支票存根

Ⅳ Ⅱ 20496025

科　　目＿＿＿＿＿＿＿＿

对方科目＿＿＿＿＿＿＿＿

出票日期　2015 年 12 月 26 日

收款人：广州友谊有限公司
金　额：1 000.00
用　途：支付办公用品费

单位主管：王海　　会计：李海波

38-1/1

原材料领用汇总表

原材料名称	单位	计划价格	产品或部门（用途）														合计金额	合计数量
			转载机		刮板运输机		生产车间		机修车间		供汽车间		销售机构		厂部管理部门			
			数量	金额	数量	金额	数量	金额	数量	金额	数量	金额	数量	金额	数量	金额		
圆钢	吨	3 000	10		5				1								48 000	16
生铁	吨	1 400	10		5		2										23 800	17
原煤	吨	300	5		10		1		1		1				1		5 700	19
焦炭	吨	600	10		5		1		0.5				0.5				10 200	17
油漆	千克	20	30		10		5		50		20		5		40		3 200	160
润滑油	千克	42.4	25		10		50		100		10				5		8 480	200
合　　计																	99 380	

39-1/1

包装物及低值易耗品领料单汇总表

名称	单位	价格	部门（用途）										合计数量
			生产车间		机修车间		供汽车间		销售机构		厂管理部门		
			数量	金额	数量	金额	数量	金额	数量	金额	数量	金额	
手套	打	100	5	500	3	300	2	200	1	100	2	200	13
工具	件	500	8	4 000	3	1 500	1	500			1	500	13
合　　计				4 500		1 800		700		100		700	

40-1/2

工资结算汇总表

2015 年 12 月 31 日

单位、人员类别		应付工资								代扣款			实发工资	领款人签章
		计时工资	计件工资	奖金	津贴和补贴			病假工资	应付工资	房租	其他	合计		
					保健津贴	夜班津贴								
基本生产车间	生产人员	180 000		15 000	4 500	2 250			201 750	5 250		5 250	196 500	
	管理人员	22 800		2 250	1 500				26 550	2 550		2 550	24 000	
	小计	202 800		17 250	6 000	2 250			228 300	7 800		7 800	220 500	
辅助生产车间	生产人员	60 000		8 100					68 100	3 600		3 600	64 500	
	管理人员	15 000		1 500					16 500	1 200		1 200	15 300	
	小计	75 000		9 600					84 600	4 800		4 800	79 800	
行政管理部门		16 250		750					17 000	500		500	16 500	
医务及福利部门		9 000		1 200					10 200	750		750	9 450	
专设销售机构		8 700		1 800					10 500	600		600	9 900	
合计		311 750		30 600	6 000	2 250			350 600	14 450		14 450	336 150	

复核：　　　　　　　　　　　　制表人：

40-2/2

工资费用分配汇总表

2015 年 12 月 31 日

车间及部门		应分配工资额（元）				备注
		基本工资	各项津贴	奖金	合计	
基本生产车间	转载机生产工人	80 000	2 750	5 000	87 750	
	刮板输送机生产工人	100 000	4 000	10 000	114 000	
	车间管理人员	22 800	1 500	2 250	26 550	
辅助生产车间	机修车间	45 000		5 600	50 600	
	供汽车间	30 000		4 000	34 000	
管理部门		16 250		750	17 000	
医务福利人员		9 000		1 200	10 200	
销售机构		8 700		1 800	10 500	
合　计		311 750	8 250	30 600	350 600	

复核：　　　　　　　　　　制表：

41-1/1

工会经费计算表

2015 年 12 月 31 日

月份	工资总额	提取率	应提工会经费额
12	350 600	2%	7 012

复核：　　　　　　　　　　制表：

42-1/1

职工教育经费计算表

2015 年 12 月 31 日

月份	工资总额	提取率	应提工会经费额
12	350 600	2.5%	8 765

复核：　　　　　　　　　　制表：

43-1/1

固定资产折旧计算表

2015 年 12 月份　　　　单位：元

使用单位和固定资产类别		上月计提折旧额	上月增加的固定资产应计提的折旧额	上月减少的固定资产应计提的折旧额	本月应计提折旧额
铸钢车间		4 200	600		
锻工车间		3 800	420	128	
铆焊车间		5 210		260	
一加工车间		3 680	400		
二加工车间		4 260			
总装车间		6 800	1 200		
机电设备分厂	工具车间	3 200		450	
	机修车间	4 100	628		
	小计	7 300	628	450	
厂部管理部门		8 000			
合　　计		43 250	3 248	838	

制表：　　　　复核：　　　　2015 年 12 月 31 日

44-1/1

原材料收入汇总表

年　　月　　日

项　　目	名　　称	计量单位	收入数量	实际成本	计划成本	成本差异
原料及主要材料	圆钢	吨				
	生铁	吨				
	小　计					
燃料	原煤	吨				
	焦炭	吨				
	小　计					
辅助材料	油漆	千克				
	润滑油	千克				
	小　计					
包装材料	木材	立方米				
合　　计						

45-1/3

本月原材料成本差异率计算表

年　　月　　日

项　　目	计量单位	月末材料成本差异额	月初加本月购进材料计划成本	本月材料成本差异率
原料及主要材料	吨			
燃料	吨			
辅助材料	千克			
包装材料	立方米			
合　　计				

45-2/3

本月发出材料成本差异计算表（一）

年　　月　　日

原材料名称	产品或部门（用途）								
	转载机			刮板运输机			生产车间		
	计划价	差异率	差异额	计划价	差异率	差异额	计划价	差异率	差异额
原料及主要材料：									
圆钢									
生铁									
小计									
燃料：									
原煤									
焦炭									
小计									
辅助材料：									
油漆									
润滑油									
小计									
包装材料：									
木材									
合计									

45-3/3

本月发出材料成本差异计算表（二）

年　月　日

<table>
<tr><th rowspan="3">原材料名称</th><th colspan="12">产品或部门（用途）</th></tr>
<tr><th colspan="3">机修车间</th><th colspan="3">供汽车间</th><th colspan="3">销售机构</th><th colspan="3">厂管理部门</th></tr>
<tr><th>计划价</th><th>差异率</th><th>差异额</th><th>计划价</th><th>差异率</th><th>差异额</th><th>计划价</th><th>差异率</th><th>差异额</th><th>计划价</th><th>差异率</th><th>差异额</th></tr>
<tr><td>原料及主要材料：</td><td></td><td></td><td></td><td></td><td></td><td></td><td></td><td></td><td></td><td></td><td></td><td></td></tr>
<tr><td>圆钢</td><td></td><td></td><td></td><td></td><td></td><td></td><td></td><td></td><td></td><td></td><td></td><td></td></tr>
<tr><td>生铁</td><td></td><td></td><td></td><td></td><td></td><td></td><td></td><td></td><td></td><td></td><td></td><td></td></tr>
<tr><td>小计</td><td></td><td></td><td></td><td></td><td></td><td></td><td></td><td></td><td></td><td></td><td></td><td></td></tr>
<tr><td>燃料：</td><td></td><td></td><td></td><td></td><td></td><td></td><td></td><td></td><td></td><td></td><td></td><td></td></tr>
<tr><td>原煤</td><td></td><td></td><td></td><td></td><td></td><td></td><td></td><td></td><td></td><td></td><td></td><td></td></tr>
<tr><td>焦炭</td><td></td><td></td><td></td><td></td><td></td><td></td><td></td><td></td><td></td><td></td><td></td><td></td></tr>
<tr><td>小计</td><td></td><td></td><td></td><td></td><td></td><td></td><td></td><td></td><td></td><td></td><td></td><td></td></tr>
<tr><td>辅助材料：</td><td></td><td></td><td></td><td></td><td></td><td></td><td></td><td></td><td></td><td></td><td></td><td></td></tr>
<tr><td>油漆</td><td></td><td></td><td></td><td></td><td></td><td></td><td></td><td></td><td></td><td></td><td></td><td></td></tr>
<tr><td>润滑油</td><td></td><td></td><td></td><td></td><td></td><td></td><td></td><td></td><td></td><td></td><td></td><td></td></tr>
<tr><td>小计</td><td></td><td></td><td></td><td></td><td></td><td></td><td></td><td></td><td></td><td></td><td></td><td></td></tr>
<tr><td>包装材料：</td><td></td><td></td><td></td><td></td><td></td><td></td><td></td><td></td><td></td><td></td><td></td><td></td></tr>
<tr><td>木材</td><td></td><td></td><td></td><td></td><td></td><td></td><td></td><td></td><td></td><td></td><td></td><td></td></tr>
<tr><td>小计</td><td></td><td></td><td></td><td></td><td></td><td></td><td></td><td></td><td></td><td></td><td></td><td></td></tr>
<tr><td>合计</td><td></td><td></td><td></td><td></td><td></td><td></td><td></td><td></td><td></td><td></td><td></td><td></td></tr>
</table>

46-1/1

本月水费、电费耗用明细表

2015 年 12 月 31 日

部门或用途	水(自来水公司)			电（供电局）		
	数量	单价	金额	数量	单价	金额
生产车间	9 000	1.5	13 500	15 000	0.5	7 500
机修车间	2 000	1.5	3 000	5 000	0.5	2 500
供汽车间	500	1.5	750	1 000	0.5	500
销售机构	300	1.5	450	3 000	0.5	1 500
厂　　部	1 000	1.5	1 500	1 000	0.5	500
合　　计	12 800	1.5	19 200	25 000	0.5	12 500

47-1/1

辅助生产费用分配表

年　　月　　日

分配部门	机修车间			供汽车间		
	分配标准	分配率	分配额	分配标准	分配率	分配额
生产车间						
销售机构						
厂　　部						
合　　计	12 000 工时	5.956 4	71 477	29 400 立方米	1.447 5	42 557.1

48-1/1

制造费用分配表

年　　月　　日

产　　品	生产工时	制造费用	
		分配率	金　　额
合　　计			

49-1/3

完工产品和月末在产品成本计算分配表

产品名称：＿＿＿＿＿＿　　　　　　　　年　　月　　日

成本项目	待分配成本	完工产品数量	在产品数量	在产品约当数量	分配率	完工产品成本	月末在产品成本
直接材料							
直接人工							
制造费用							
合　　计							

49-2/3

完工产品和月末在产品成本计算分配表

产品名称：＿＿＿＿＿＿　　　　　　　　年　　月　　日

成本项目	待分配成本	完工产品数量	在产品数量	在产品约当数量	分配率	完工产品成本	月末在产品成本
直接材料							
直接人工							
制造费用							
合　　计							

49-3/3

完工产品成本计算表

年　　月　　日

成本项目	转载机（80件）		刮板输送机（16件）	
	总成本	单位成本		总成本
直接材料				
直接人工				
制造费用				
合　　计				

50-1/1

坏账准备提取计算表

年　　月　　日

账户名称	期末余额	坏账提取率	应提取额	坏账准备余额	实际提取额
应收账款					
其他应收款					
合　　计					

51-1/1

应交增值税计算表

2015 年 12 月

期初应缴增值税（销项税额）	当期销项税额	当期进项税额	当期进项税额转出	已交税金	应交增值税
30 000	80 580	107 614			2 966

制表：　　　　　　审核：　　　　　　2015 年 12 月 31 日

52-1/1

将所有损益类账户余额结转到本年利润中。

53-1/1

所得税计算表

2015 年 12 月 31 日

全年利润总额	其中：国库券利息收入	超过扣税标准的业务待费	应纳税所得额
	5 678	3 200	
税　　率	25%	应纳所得税	
1-11 月已计提	770 000	本月应计提	

复核：　　　　　　制表：

54-1/2

将本年利润结转到未分配利润中。

54-2/2

利润分配表

2015 年 12 月 31 日

全年税后净利润	法定盈余公积金 10%	任意盈余公积金 5%	现金股利 40%	合计

复核： 制表：

55-1/2

编制资产负债表

资产负债表

编制单位： 单位：元

资产	期末数	年初数（略）	负债和所有者权益	期末数	年初数（略）
流动资产：			流动负债：		
货币资金			短期借款		
交易性金融资产			应付票据		
应收票据			应付账款		
应收账款			预收款项		
其他应收款			应付职工薪酬		
存　　货			应交税费		
流动资产合计			流动负债合计		
非流动资产：			非流动负债：		
可供出售金融资产			长期借款		
持有至到期投资			应付债券		
长期股权投资			长期应付款		
长期应收款			预计负债		
投资性房地产			非流动负债合计		
固定资产			负债合计		
在建工程			所有者权益：		
无形资产			实收资本（股本）		
开发支出			资本公积		
商　　誉			盈余公积		
长期待摊费用			未分配利润		
非流动资产合计			所有者权益合计		
资产总计			负债和所有者权益总计		

55-2/2

编制利润表

利润表

编制单位：　　　　　　　　2015 年度　　　　　　　　单位：元

项　　目	本期金额	上期金额（略）
一、营业收入		
减：营业成本		
营业税金及附加		
销售费用		
管理费用		
财务费用		
资产减值损失		
加：公允价值变动损益		
投资收益		
二、营业利润（亏损以“–”号填列）		
加：营业外收入		
减：营业外支出		
三、利润总额（亏损以“–”号填列）		
减：所得税		
四、净利润（亏损以“–”号填列）		

（五）记账凭证及封面

记 账 凭 证

年 月 日 字第 号

摘 要	总账科目	明细科目	借方金额										贷方金额										√
			千	百	十	万	千	百	十	元	角	分	千	百	十	万	千	百	十	元	角	分	
合 计																							

附凭证 张

会计主管 记账 出纳 审核 制单

记 账 凭 证

年 月 日 字第 号

摘 要	总账科目	明细科目	借方金额										贷方金额										√
			千	百	十	万	千	百	十	元	角	分	千	百	十	万	千	百	十	元	角	分	
合 计																							

附凭证 张

会计主管 记账 出纳 审核 制单

记 账 凭 证

年　　月　　日　　　　　　　　　　　　字第　　号

摘　要	总账科目	明细科目	借方金额										贷方金额										√
			千	百	十	万	千	百	十	元	角	分	千	百	十	万	千	百	十	元	角	分	
合　　计																							

附凭证　张

会计主管　　　　记账　　　　出纳　　　　审核　　　　制单

记 账 凭 证

年　　月　　日　　　　　　　　　　　　字第　　号

摘　要	总账科目	明细科目	借方金额										贷方金额										√
			千	百	十	万	千	百	十	元	角	分	千	百	十	万	千	百	十	元	角	分	
合　　计																							

附凭证　张

会计主管　　　　记账　　　　出纳　　　　审核　　　　制单

记 账 凭 证

年　月　日　　　　　　　　字第　　号

摘　要	总账科目	明细科目	借方金额										贷方金额										√
			千	百	十	万	千	百	十	元	角	分	千	百	十	万	千	百	十	元	角	分	
合　计																							

附凭证张

会计主管　　记账　　出纳　　审核　　制单

记 账 凭 证

年　月　日　　　　　　　　字第　　号

摘　要	总账科目	明细科目	借方金额										贷方金额										√
			千	百	十	万	千	百	十	元	角	分	千	百	十	万	千	百	十	元	角	分	
合　计																							

附凭证张

会计主管　　记账　　出纳　　审核　　制单

记 账 凭 证

年 月 日　　　　字第 号

摘要	总账科目	明细科目	借方金额										贷方金额										√
			千	百	十	万	千	百	十	元	角	分	千	百	十	万	千	百	十	元	角	分	
合计																							

附凭证 张

会计主管　　记账　　出纳　　审核　　制单

记 账 凭 证

年 月 日　　　　字第 号

摘要	总账科目	明细科目	借方金额										贷方金额										√
			千	百	十	万	千	百	十	元	角	分	千	百	十	万	千	百	十	元	角	分	
合计																							

附凭证 张

会计主管　　记账　　出纳　　审核　　制单

记 账 凭 证

年　　月　　日　　　　　　　　字第　　号

摘　要	总账科目	明细科目	借方金额										贷方金额										√
			千	百	十	万	千	百	十	元	角	分	千	百	十	万	千	百	十	元	角	分	
合　计																							

附凭证　张

会计主管　　记账　　出纳　　审核　　制单

记 账 凭 证

年　　月　　日　　　　　　　　字第　　号

摘　要	总账科目	明细科目	借方金额										贷方金额										√
			千	百	十	万	千	百	十	元	角	分	千	百	十	万	千	百	十	元	角	分	
合　计																							

附凭证　张

会计主管　　记账　　出纳　　审核　　制单

记 账 凭 证

年　　月　　日　　　　　　　　字第　　号

摘　要	总账科目	明细科目	借方金额										贷方金额										√
			千	百	十	万	千	百	十	元	角	分	千	百	十	万	千	百	十	元	角	分	
合　计																							

附凭证　张

会计主管　　　　记账　　　　出纳　　　　审核　　　　制单

记 账 凭 证

年　　月　　日　　　　　　　　字第　　号

摘　要	总账科目	明细科目	借方金额										贷方金额										√
			千	百	十	万	千	百	十	元	角	分	千	百	十	万	千	百	十	元	角	分	
合　计																							

附凭证　张

会计主管　　　　记账　　　　出纳　　　　审核　　　　制单

记 账 凭 证

年 月 日　　　　字第 号

摘 要	总账科目	明细科目	借方金额										贷方金额										√
			千	百	十	万	千	百	十	元	角	分	千	百	十	万	千	百	十	元	角	分	
合 计																							

附凭证 张

会计主管　　记账　　出纳　　审核　　制单

记 账 凭 证

年 月 日　　　　字第 号

摘 要	总账科目	明细科目	借方金额										贷方金额										√
			千	百	十	万	千	百	十	元	角	分	千	百	十	万	千	百	十	元	角	分	
合 计																							

附凭证 张

会计主管　　记账　　出纳　　审核　　制单

记账凭证

年　　月　　日　　　　　　　　　　字第　　号

摘要	总账科目	明细科目	借方金额										贷方金额										√
			千	百	十	万	千	百	十	元	角	分	千	百	十	万	千	百	十	元	角	分	
合计																							

附凭证张

会计主管　　记账　　出纳　　审核　　制单

记账凭证

年　　月　　日　　　　　　　　　　字第　　号

摘要	总账科目	明细科目	借方金额										贷方金额										√
			千	百	十	万	千	百	十	元	角	分	千	百	十	万	千	百	十	元	角	分	
合计																							

附凭证张

会计主管　　记账　　出纳　　审核　　制单

记 账 凭 证

年 月 日　　　　字第 号

摘 要	总账科目	明细科目	借方金额										贷方金额										√
			千	百	十	万	千	百	十	元	角	分	千	百	十	万	千	百	十	元	角	分	
合 计																							

附凭证 张

会计主管　　记账　　出纳　　审核　　制单

记 账 凭 证

年 月 日　　　　字第 号

摘 要	总账科目	明细科目	借方金额										贷方金额										√
			千	百	十	万	千	百	十	元	角	分	千	百	十	万	千	百	十	元	角	分	
合 计																							

附凭证 张

会计主管　　记账　　出纳　　审核　　制单

记 账 凭 证

年 月 日 字第 号

摘 要	总账科目	明细科目	借方金额										贷方金额										√
			千	百	十	万	千	百	十	元	角	分	千	百	十	万	千	百	十	元	角	分	
合 计																							

附凭证张

会计主管 记账 出纳 审核 制单

记 账 凭 证

年 月 日 字第 号

摘 要	总账科目	明细科目	借方金额										贷方金额										√
			千	百	十	万	千	百	十	元	角	分	千	百	十	万	千	百	十	元	角	分	
合 计																							

附凭证张

会计主管 记账 出纳 审核 制单

记 账 凭 证

年　月　日　　　　　　　　　　　　　　　字第　　号

摘　要	总账科目	明细科目	借方金额										贷方金额										√
			千	百	十	万	千	百	十	元	角	分	千	百	十	万	千	百	十	元	角	分	
合　计																							

附凭证张

会计主管　　记账　　出纳　　审核　　制单

记 账 凭 证

年　月　日　　　　　　　　　　　　　　　字第　　号

摘　要	总账科目	明细科目	借方金额										贷方金额										√
			千	百	十	万	千	百	十	元	角	分	千	百	十	万	千	百	十	元	角	分	
合　计																							

附凭证张

会计主管　　记账　　出纳　　审核　　制单

记 账 凭 证

年　　月　　日　　　　　　　　字第　　号

摘　要	总账科目	明细科目	借方金额										贷方金额										√
			千	百	十	万	千	百	十	元	角	分	千	百	十	万	千	百	十	元	角	分	
合　　计																							

附凭证　张

会计主管　　记账　　出纳　　审核　　制单

记 账 凭 证

年　　月　　日　　　　　　　　字第　　号

摘　要	总账科目	明细科目	借方金额										贷方金额										√
			千	百	十	万	千	百	十	元	角	分	千	百	十	万	千	百	十	元	角	分	
合　　计																							

附凭证　张

会计主管　　记账　　出纳　　审核　　制单

记 账 凭 证

年　　月　　日　　　　　　　　　　　　字第　　号

摘　要	总账科目	明细科目	借方金额										贷方金额										√
			千	百	十	万	千	百	十	元	角	分	千	百	十	万	千	百	十	元	角	分	
合　计																							

附凭证　张

会计主管　　　　记账　　　　出纳　　　　审核　　　　制单

记 账 凭 证

年　　月　　日　　　　　　　　　　　　字第　　号

摘　要	总账科目	明细科目	借方金额										贷方金额										√
			千	百	十	万	千	百	十	元	角	分	千	百	十	万	千	百	十	元	角	分	
合　计																							

附凭证　张

会计主管　　　　记账　　　　出纳　　　　审核　　　　制单

记账凭证

年　　月　　日　　　　　　　　字第　　号

摘　要	总账科目	明细科目	借方金额										贷方金额										√
			千	百	十	万	千	百	十	元	角	分	千	百	十	万	千	百	十	元	角	分	
合　计																							

附凭证　张

会计主管　　记账　　出纳　　审核　　制单

记账凭证

年　　月　　日　　　　　　　　字第　　号

摘　要	总账科目	明细科目	借方金额										贷方金额										√
			千	百	十	万	千	百	十	元	角	分	千	百	十	万	千	百	十	元	角	分	
合　计																							

附凭证　张

会计主管　　记账　　出纳　　审核　　制单

记 账 凭 证

年　　月　　日　　　　　　　　　　字第　　号

摘　要	总账科目	明细科目	借方金额										贷方金额										√
			千	百	十	万	千	百	十	元	角	分	千	百	十	万	千	百	十	元	角	分	
合	计																						

附凭证　张

会计主管　　记账　　出纳　　审核　　制单

记 账 凭 证

年　　月　　日　　　　　　　　　　字第　　号

摘　要	总账科目	明细科目	借方金额										贷方金额										√
			千	百	十	万	千	百	十	元	角	分	千	百	十	万	千	百	十	元	角	分	
合	计																						

附凭证　张

会计主管　　记账　　出纳　　审核　　制单

记 账 凭 证

年　　月　　日　　　　　　字第　　号

摘　要	总账科目	明细科目	借方金额										贷方金额										√
			千	百	十	万	千	百	十	元	角	分	千	百	十	万	千	百	十	元	角	分	
合　计																							

附凭证　张

会计主管　　记账　　出纳　　审核　　制单

记 账 凭 证

年　　月　　日　　　　　　字第　　号

摘　要	总账科目	明细科目	借方金额										贷方金额										√
			千	百	十	万	千	百	十	元	角	分	千	百	十	万	千	百	十	元	角	分	
合　计																							

附凭证　张

会计主管　　记账　　出纳　　审核　　制单

记 账 凭 证

年 月 日　　　　字第 号

摘要	总账科目	明细科目	借方金额										贷方金额										√
			千	百	十	万	千	百	十	元	角	分	千	百	十	万	千	百	十	元	角	分	
合计																							

附凭证张

会计主管　　记账　　出纳　　审核　　制单

记 账 凭 证

年 月 日　　　　字第 号

摘要	总账科目	明细科目	借方金额										贷方金额										√
			千	百	十	万	千	百	十	元	角	分	千	百	十	万	千	百	十	元	角	分	
合计																							

附凭证张

会计主管　　记账　　出纳　　审核　　制单

记 账 凭 证

年　　月　　日　　　　　　　　　　　　字第　　号

摘　要	总账科目	明细科目	借方金额										贷方金额										√
			千	百	十	万	千	百	十	元	角	分	千	百	十	万	千	百	十	元	角	分	
合　　计																							

附凭证　张

会计主管　　　记账　　　出纳　　　审核　　　制单

记 账 凭 证

年　　月　　日　　　　　　　　　　　　字第　　号

摘　要	总账科目	明细科目	借方金额										贷方金额										√
			千	百	十	万	千	百	十	元	角	分	千	百	十	万	千	百	十	元	角	分	
合　　计																							

附凭证　张

会计主管　　　记账　　　出纳　　　审核　　　制单

记 账 凭 证

年　　月　　日　　　　　　　　　　字第　　号

摘　要	总账科目	明细科目	借方金额										贷方金额										√
			千	百	十	万	千	百	十	元	角	分	千	百	十	万	千	百	十	元	角	分	
合　计																							

附凭证　张

会计主管　　　记账　　　出纳　　　审核　　　制单

记 账 凭 证

年　　月　　日　　　　　　　　　　字第　　号

摘　要	总账科目	明细科目	借方金额										贷方金额										√
			千	百	十	万	千	百	十	元	角	分	千	百	十	万	千	百	十	元	角	分	
合　计																							

附凭证　张

会计主管　　　记账　　　出纳　　　审核　　　制单

记 账 凭 证

年 月 日　　　　字第 号

摘 要	总账科目	明细科目	借方金额										贷方金额										√
			千	百	十	万	千	百	十	元	角	分	千	百	十	万	千	百	十	元	角	分	
合 计																							

附凭证 张

会计主管　　记账　　出纳　　审核　　制单

记 账 凭 证

年 月 日　　　　字第 号

摘 要	总账科目	明细科目	借方金额										贷方金额										√
			千	百	十	万	千	百	十	元	角	分	千	百	十	万	千	百	十	元	角	分	
合 计																							

附凭证 张

会计主管　　记账　　出纳　　审核　　制单

记 账 凭 证

年　　月　　日　　　　　　　　　　　　字第　　　号

摘　要	总账科目	明细科目	借方金额										贷方金额										√
			千	百	十	万	千	百	十	元	角	分	千	百	十	万	千	百	十	元	角	分	
合　计																							

附凭证　张

会计主管　　　记账　　　出纳　　　审核　　　制单

记 账 凭 证

年　　月　　日　　　　　　　　　　　　字第　　　号

摘　要	总账科目	明细科目	借方金额										贷方金额										√
			千	百	十	万	千	百	十	元	角	分	千	百	十	万	千	百	十	元	角	分	
合　计																							

附凭证　张

会计主管　　　记账　　　出纳　　　审核　　　制单

记 账 凭 证

年　月　日　　　　　　　　　　字第　　号

摘　要	总账科目	明细科目	借方金额										贷方金额										√
			千	百	十	万	千	百	十	元	角	分	千	百	十	万	千	百	十	元	角	分	
合　计																							

附凭证　张

会计主管　　记账　　出纳　　审核　　制单

记 账 凭 证

年　月　日　　　　　　　　　　字第　　号

摘　要	总账科目	明细科目	借方金额										贷方金额										√
			千	百	十	万	千	百	十	元	角	分	千	百	十	万	千	百	十	元	角	分	
合　计																							

附凭证　张

会计主管　　记账　　出纳　　审核　　制单

记 账 凭 证

年　　月　　日　　　　　　　　　　字第　　　号

摘　要	总账科目	明细科目	借方金额										贷方金额										√
			千	百	十	万	千	百	十	元	角	分	千	百	十	万	千	百	十	元	角	分	
合　　　计																							

附凭证　张

会计主管　　　记账　　　出纳　　　审核　　　制单

记 账 凭 证

年　　月　　日　　　　　　　　　　字第　　　号

摘　要	总账科目	明细科目	借方金额										贷方金额										√
			千	百	十	万	千	百	十	元	角	分	千	百	十	万	千	百	十	元	角	分	
合　　　计																							

附凭证　张

会计主管　　　记账　　　出纳　　　审核　　　制单

记 账 凭 证

年　月　日　　　　　　　字第　　号

摘　要	总账科目	明细科目	借方金额										贷方金额										√
			千	百	十	万	千	百	十	元	角	分	千	百	十	万	千	百	十	元	角	分	
合　计																							

附凭证　张

会计主管　　记账　　出纳　　审核　　制单

记 账 凭 证

年　月　日　　　　　　　字第　　号

摘　要	总账科目	明细科目	借方金额										贷方金额										√
			千	百	十	万	千	百	十	元	角	分	千	百	十	万	千	百	十	元	角	分	
合　计																							

附凭证　张

会计主管　　记账　　出纳　　审核　　制单

记 账 凭 证

年　　月　　日　　　　　　　　字第　　号

摘　要	总账科目	明细科目	借方金额										贷方金额										√
			千	百	十	万	千	百	十	元	角	分	千	百	十	万	千	百	十	元	角	分	
合　计																							

附凭证张

会计主管　　记账　　出纳　　审核　　制单

记 账 凭 证

年　　月　　日　　　　　　　　字第　　号

摘　要	总账科目	明细科目	借方金额										贷方金额										√
			千	百	十	万	千	百	十	元	角	分	千	百	十	万	千	百	十	元	角	分	
合　计																							

附凭证张

会计主管　　记账　　出纳　　审核　　制单

记 账 凭 证

年　　月　　日　　　　　　　　　　　　　　字第　　号

摘　要	总账科目	明细科目	借方金额										贷方金额										√
			千	百	十	万	千	百	十	元	角	分	千	百	十	万	千	百	十	元	角	分	
合　计																							

附凭证　张

会计主管　　　记账　　　出纳　　　审核　　　制单

记 账 凭 证

年　　月　　日　　　　　　　　　　　　　　字第　　号

摘　要	总账科目	明细科目	借方金额										贷方金额										√
			千	百	十	万	千	百	十	元	角	分	千	百	十	万	千	百	十	元	角	分	
合　计																							

附凭证　张

会计主管　　　记账　　　出纳　　　审核　　　制单

记 账 凭 证

年　月　日　　　　　　　　字第　　号

摘　要	总账科目	明细科目	借方金额										贷方金额										√
			千	百	十	万	千	百	十	元	角	分	千	百	十	万	千	百	十	元	角	分	
合　计																							

附凭证张

会计主管　　记账　　出纳　　审核　　制单

记 账 凭 证

年　月　日　　　　　　　　字第　　号

摘　要	总账科目	明细科目	借方金额										贷方金额										√
			千	百	十	万	千	百	十	元	角	分	千	百	十	万	千	百	十	元	角	分	
合　计																							

附凭证张

会计主管　　记账　　出纳　　审核　　制单

记 账 凭 证

年　　月　　日　　　　　　　　字第　　号

摘　要	总账科目	明细科目	借方金额										贷方金额										√
			千	百	十	万	千	百	十	元	角	分	千	百	十	万	千	百	十	元	角	分	
合　计																							

附凭证　张

会计主管　　记账　　出纳　　审核　　制单

记 账 凭 证

年　　月　　日　　　　　　　　字第　　号

摘　要	总账科目	明细科目	借方金额										贷方金额										√
			千	百	十	万	千	百	十	元	角	分	千	百	十	万	千	百	十	元	角	分	
合　计																							

附凭证　张

会计主管　　记账　　出纳　　审核　　制单

记 账 凭 证

年　　月　　日　　　　　　　　　　字第　　号

摘　要	总账科目	明细科目	借方金额										贷方金额										√
			千	百	十	万	千	百	十	元	角	分	千	百	十	万	千	百	十	元	角	分	
合　计																							

附凭证　张

会计主管　　　　记账　　　　出纳　　　　审核　　　　制单

记 账 凭 证

年　　月　　日　　　　　　　　　　字第　　号

摘　要	总账科目	明细科目	借方金额										贷方金额										√
			千	百	十	万	千	百	十	元	角	分	千	百	十	万	千	百	十	元	角	分	
合　计																							

附凭证　张

会计主管　　　　记账　　　　出纳　　　　审核　　　　制单

记 账 凭 证

年　　月　　日　　　　　　　　　　　　字第　　号

摘 要	总账科目	明细科目	借方金额										贷方金额										√
			千	百	十	万	千	百	十	元	角	分	千	百	十	万	千	百	十	元	角	分	
合 计																							

附凭证　张

会计主管　　记账　　出纳　　审核　　制单

记 账 凭 证

年　　月　　日　　　　　　　　　　　　字第　　号

摘 要	总账科目	明细科目	借方金额										贷方金额										√
			千	百	十	万	千	百	十	元	角	分	千	百	十	万	千	百	十	元	角	分	
合 计																							

附凭证　张

会计主管　　记账　　出纳　　审核　　制单

记 账 凭 证

年　　月　　日　　　　　　　　字第　　号

摘要	总账科目	明细科目	借方金额										贷方金额										√
			千	百	十	万	千	百	十	元	角	分	千	百	十	万	千	百	十	元	角	分	
合计																							

附凭证张

会计主管　　记账　　出纳　　审核　　制单

记 账 凭 证

年　　月　　日　　　　　　　　字第　　号

摘要	总账科目	明细科目	借方金额										贷方金额										√
			千	百	十	万	千	百	十	元	角	分	千	百	十	万	千	百	十	元	角	分	
合计																							

附凭证张

会计主管　　记账　　出纳　　审核　　制单

记 账 凭 证

年 月 日　　　　字第 号

摘 要	总账科目	明细科目	借方金额										贷方金额										√
			千	百	十	万	千	百	十	元	角	分	千	百	十	万	千	百	十	元	角	分	
合	计																						

附凭证 张

会计主管　　记账　　出纳　　审核　　制单

记 账 凭 证

年 月 日　　　　字第 号

摘 要	总账科目	明细科目	借方金额										贷方金额										√
			千	百	十	万	千	百	十	元	角	分	千	百	十	万	千	百	十	元	角	分	
合	计																						

附凭证 张

会计主管　　记账　　出纳　　审核　　制单

记 账 凭 证

年　　月　　日　　　　　　　　　　字第　　号

摘　要	总账科目	明细科目	借方金额										贷方金额										√
			千	百	十	万	千	百	十	元	角	分	千	百	十	万	千	百	十	元	角	分	
合　计																							

附凭证　张

会计主管　　　　记账　　　　出纳　　　　审核　　　　制单

记 账 凭 证

年　　月　　日　　　　　　　　　　字第　　号

摘　要	总账科目	明细科目	借方金额										贷方金额										√
			千	百	十	万	千	百	十	元	角	分	千	百	十	万	千	百	十	元	角	分	
合　计																							

附凭证　张

会计主管　　　　记账　　　　出纳　　　　审核　　　　制单

记账凭证

年 月 日　　　　字第 号

摘　要	总账科目	明细科目	借方金额										贷方金额										√
			千	百	十	万	千	百	十	元	角	分	千	百	十	万	千	百	十	元	角	分	
合　计																							

附凭证张

会计主管　　记账　　出纳　　审核　　制单

记账凭证

年 月 日　　　　字第 号

摘　要	总账科目	明细科目	借方金额										贷方金额										√
			千	百	十	万	千	百	十	元	角	分	千	百	十	万	千	百	十	元	角	分	
合　计																							

附凭证张

会计主管　　记账　　出纳　　审核　　制单

记 账 凭 证

年　　月　　日　　　　　　　　　　　　字第　　　号

摘　要	总账科目	明细科目	借方金额										贷方金额										√
			千	百	十	万	千	百	十	元	角	分	千	百	十	万	千	百	十	元	角	分	
合　计																							

附凭证张

会计主管　　　　记账　　　　出纳　　　　审核　　　　制单

记 账 凭 证

年　　月　　日　　　　　　　　　　　　字第　　　号

摘　要	总账科目	明细科目	借方金额										贷方金额										√
			千	百	十	万	千	百	十	元	角	分	千	百	十	万	千	百	十	元	角	分	
合　计																							

附凭证张

会计主管　　　　记账　　　　出纳　　　　审核　　　　制单

记 账 凭 证

年　　月　　日　　　　　　　　　　字第　　　号

摘　要	总账科目	明细科目	借方金额										贷方金额										√
			千	百	十	万	千	百	十	元	角	分	千	百	十	万	千	百	十	元	角	分	
合　计																							

附凭证　张

会计主管　　记账　　出纳　　审核　　制单

记 账 凭 证

年　　月　　日　　　　　　　　　　字第　　　号

摘　要	总账科目	明细科目	借方金额										贷方金额										√
			千	百	十	万	千	百	十	元	角	分	千	百	十	万	千	百	十	元	角	分	
合　计																							

附凭证　张

会计主管　　记账　　出纳　　审核　　制单

记 账 凭 证

年　　月　　日　　　　　　　　字第　　号

摘 要	总账科目	明细科目	借方金额										贷方金额										√
			千	百	十	万	千	百	十	元	角	分	千	百	十	万	千	百	十	元	角	分	
合计																							

附凭证张

会计主管　　记账　　出纳　　审核　　制单

记 账 凭 证

年　　月　　日　　　　　　　　字第　　号

摘 要	总账科目	明细科目	借方金额										贷方金额										√
			千	百	十	万	千	百	十	元	角	分	千	百	十	万	千	百	十	元	角	分	
合计																							

附凭证张

会计主管　　记账　　出纳　　审核　　制单

记 账 凭 证

年 月 日 　　　　字第 　号

摘 要	总账科目	明细科目	借方金额										贷方金额										√
			千	百	十	万	千	百	十	元	角	分	千	百	十	万	千	百	十	元	角	分	
合	计																						

附凭证 张

会计主管 　记账 　出纳 　审核 　制单

记 账 凭 证

年 月 日 　　　　字第 　号

摘 要	总账科目	明细科目	借方金额										贷方金额										√
			千	百	十	万	千	百	十	元	角	分	千	百	十	万	千	百	十	元	角	分	
合	计																						

附凭证 张

会计主管 　记账 　出纳 　审核 　制单

记账凭证

年　　月　　日　　　　　　　　　　　　字第　　号

摘　要	总账科目	明细科目	借方金额										贷方金额										√
			千	百	十	万	千	百	十	元	角	分	千	百	十	万	千	百	十	元	角	分	
合　计																							

附凭证　张

会计主管　　记账　　出纳　　审核　　制单

记账凭证

年　　月　　日　　　　　　　　　　　　字第　　号

摘　要	总账科目	明细科目	借方金额										贷方金额										√
			千	百	十	万	千	百	十	元	角	分	千	百	十	万	千	百	十	元	角	分	
合　计																							

附凭证　张

会计主管　　记账　　出纳　　审核　　制单

记 账 凭 证

年　　月　　日　　　　　　　　　　字第　　号

摘　要	总账科目	明细科目	借方金额										贷方金额										√
			千	百	十	万	千	百	十	元	角	分	千	百	十	万	千	百	十	元	角	分	
合　计																							

附凭证张

会计主管　　记账　　出纳　　审核　　制单

记 账 凭 证

年　　月　　日　　　　　　　　　　字第　　号

摘　要	总账科目	明细科目	借方金额										贷方金额										√
			千	百	十	万	千	百	十	元	角	分	千	百	十	万	千	百	十	元	角	分	
合　计																							

附凭证张

会计主管　　记账　　出纳　　审核　　制单

记 账 凭 证

年　　月　　日　　　　　　　　　　　　字第　　号

摘　要	总账科目	明细科目	借方金额										贷方金额										√
			千	百	十	万	千	百	十	元	角	分	千	百	十	万	千	百	十	元	角	分	
合　计																							

附凭证　张

会计主管　　记账　　出纳　　审核　　制单

记 账 凭 证

年　　月　　日　　　　　　　　　　　　字第　　号

摘　要	总账科目	明细科目	借方金额										贷方金额										√
			千	百	十	万	千	百	十	元	角	分	千	百	十	万	千	百	十	元	角	分	
合　计																							

附凭证　张

会计主管　　记账　　出纳　　审核　　制单

记账凭证

年　月　日　　　　字第　号

摘要	总账科目	明细科目	借方金额										贷方金额										√
			千	百	十	万	千	百	十	元	角	分	千	百	十	万	千	百	十	元	角	分	
合　计																							

附凭证　张

会计主管　　记账　　出纳　　审核　　制单

记账凭证

年　月　日　　　　字第　号

摘要	总账科目	明细科目	借方金额										贷方金额										√
			千	百	十	万	千	百	十	元	角	分	千	百	十	万	千	百	十	元	角	分	
合　计																							

附凭证　张

会计主管　　记账　　出纳　　审核　　制单

记 账 凭 证

年 月 日　　　　字第 号

摘 要	总账科目	明细科目	借方金额										贷方金额										√
			千	百	十	万	千	百	十	元	角	分	千	百	十	万	千	百	十	元	角	分	
合	计																						

附凭证 张

会计主管　　记账　　出纳　　审核　　制单

记 账 凭 证

年 月 日　　　　字第 号

摘 要	总账科目	明细科目	借方金额										贷方金额										√
			千	百	十	万	千	百	十	元	角	分	千	百	十	万	千	百	十	元	角	分	
合	计																						

附凭证 张

会计主管　　记账　　出纳　　审核　　制单

记 账 凭 证

年　　月　　日　　　　　　　　　　字第　　　号

摘　要	总账科目	明细科目	借方金额										贷方金额										√
			千	百	十	万	千	百	十	元	角	分	千	百	十	万	千	百	十	元	角	分	
合　计																							

附凭证　张

会计主管　　记账　　出纳　　审核　　制单

记 账 凭 证

年　　月　　日　　　　　　　　　　字第　　　号

摘　要	总账科目	明细科目	借方金额										贷方金额										√
			千	百	十	万	千	百	十	元	角	分	千	百	十	万	千	百	十	元	角	分	
合　计																							

附凭证　张

会计主管　　记账　　出纳　　审核　　制单

记 账 凭 证

年　　月　　日　　　　　　　　　　　　　　　　　字第　　　号

摘　要	总账科目	明细科目	借方金额										贷方金额										√
			千	百	十	万	千	百	十	元	角	分	千	百	十	万	千	百	十	元	角	分	
合　　计																							

附凭证张

会计主管　　　　记账　　　　出纳　　　　审核　　　　制单

记 账 凭 证

年　　月　　日　　　　　　　　　　　　　　　　　字第　　　号

摘　要	总账科目	明细科目	借方金额										贷方金额										√
			千	百	十	万	千	百	十	元	角	分	千	百	十	万	千	百	十	元	角	分	
合　　计																							

附凭证张

会计主管　　　　记账　　　　出纳　　　　审核　　　　制单

记 账 凭 证

年 月 日　　　　字第 号

摘 要	总账科目	明细科目	借方金额										贷方金额										√
			千	百	十	万	千	百	十	元	角	分	千	百	十	万	千	百	十	元	角	分	
合	计																						

附凭证 张

会计主管　　记账　　出纳　　审核　　制单

记 账 凭 证

年 月 日　　　　字第 号

摘 要	总账科目	明细科目	借方金额										贷方金额										√
			千	百	十	万	千	百	十	元	角	分	千	百	十	万	千	百	十	元	角	分	
合	计																						

附凭证 张

会计主管　　记账　　出纳　　审核　　制单

记 账 凭 证

年　月　日　　　　　　　　　　字第　　号

摘　要	总账科目	明细科目	借方金额										贷方金额										√
			千	百	十	万	千	百	十	元	角	分	千	百	十	万	千	百	十	元	角	分	
合　计																							

附凭证张

会计主管　　记账　　出纳　　审核　　制单

记 账 凭 证

年　月　日　　　　　　　　　　字第　　号

摘　要	总账科目	明细科目	借方金额										贷方金额										√
			千	百	十	万	千	百	十	元	角	分	千	百	十	万	千	百	十	元	角	分	
合　计																							

附凭证张

会计主管　　记账　　出纳　　审核　　制单

记 账 凭 证

年　　月　　日　　　　　　　　字第　　号

摘　要	总账科目	明细科目	借方金额										贷方金额										√
			千	百	十	万	千	百	十	元	角	分	千	百	十	万	千	百	十	元	角	分	
合　计																							

附凭证张

会计主管　　记账　　出纳　　审核　　制单

记 账 凭 证

年　　月　　日　　　　　　　　字第　　号

摘　要	总账科目	明细科目	借方金额										贷方金额										√
			千	百	十	万	千	百	十	元	角	分	千	百	十	万	千	百	十	元	角	分	
合　计																							

附凭证张

会计主管　　记账　　出纳　　审核　　制单

记 账 凭 证

年 月 日　　　　字第 号

摘 要	总账科目	明细科目	借方金额										贷方金额										√
			千	百	十	万	千	百	十	元	角	分	千	百	十	万	千	百	十	元	角	分	
合 计																							

附凭证张

会计主管　　记账　　出纳　　审核　　制单

记 账 凭 证

年 月 日　　　　字第 号

摘 要	总账科目	明细科目	借方金额										贷方金额										√
			千	百	十	万	千	百	十	元	角	分	千	百	十	万	千	百	十	元	角	分	
合 计																							

附凭证张

会计主管　　记账　　出纳　　审核　　制单

记账凭证

年　月　日　　　　字第　号

摘要	总账科目	明细科目	借方金额										贷方金额										√
			千	百	十	万	千	百	十	元	角	分	千	百	十	万	千	百	十	元	角	分	
合计																							

附凭证张

会计主管　　记账　　出纳　　审核　　制单

记账凭证

年　月　日　　　　字第　号

摘要	总账科目	明细科目	借方金额										贷方金额										√
			千	百	十	万	千	百	十	元	角	分	千	百	十	万	千	百	十	元	角	分	
合计																							

附凭证张

会计主管　　记账　　出纳　　审核　　制单

会计凭证封面

单位名称：

账套名称：

核算机构名称：

本月共　　册　　　　　　　　本册第　　　册

年　　月　　　　卷内记账凭证自第　　号至第　　号共　　张

附记：①本册共附单据　　张　　②册内起讫日期：自　　月　　日至　　月　　日

保管期限　15 年　　　　　　　　档号

负责人：　　　　　　　　　　　立卷人：

会计凭证封面

单位名称：

账套名称：

核算机构名称：

本月共　　册　　　　　　本册第　　　册

　　年　　月　　　　　　卷内记账凭证自第　　号至第　　号共　　张

附记：①本册共附单据　　张　　②册内起讫日期：自　　月　　日至　　月　　日

保管期限　15 年　　　　　　档号

负责人：　　　　　　立卷人：

（六）总分类账

总 分 类 账

会计科目：

年		凭证		摘要	对方科目	借方	贷方	借或贷	余额
月	日	种类	编号						

总 分 类 账

会计科目：

年		凭 证		摘 要	对方科目	借方	贷方	借或贷	余 额
月	日	种类	编号						

总分类账

会计科目：

年		凭证		摘要	对方科目	借方	贷方	借或贷	余额
月	日	种类	编号						

总 分 类 账

会计科目：

年		凭 证		摘 要	对方科目	借方	贷方	借或贷	余 额
月	日	种类	编号						

总分类账

会计科目：

年		凭证		摘要	对方科目	借方	贷方	借或贷	余额
月	日	种类	编号						

总 分 类 账

会计科目：

年		凭　证		摘　要	对方科目	借方	贷方	借或贷	余　额
月	日	种类	编号						

总 分 类 账

会计科目：

年		凭 证		摘 要	对方科目	借方	贷方	借或贷	余 额
月	日	种类	编号						

总分类账

会计科目：

年		凭证		摘要	对方科目	借方	贷方	借或贷	余额
月	日	种类	编号						

总分类账

会计科目：

年		凭证		摘要	对方科目	借方	贷方	借或贷	余额
月	日	种类	编号						

总 分 类 账

会计科目：

年		凭证		摘要	对方科目	借方	贷方	借或贷	余额
月	日	种类	编号						

总 分 类 账

会计科目：

年		凭证		摘要	对方科目	借方	贷方	借或贷	余额
月	日	种类	编号						

总分类账

会计科目：

年		凭证		摘要	对方科目	借方	贷方	借或贷	余额
月	日	种类	编号						

总分类账

会计科目：

年		凭证		摘要	对方科目	借方	贷方	借或贷	余额
月	日	种类	编号						

总 分 类 账

会计科目：

年		凭　证		摘　要	对方科目	借方	贷方	借或贷	余　额
月	日	种类	编号						

总分类账

会计科目：

年		凭证		摘要	对方科目	借方	贷方	借或贷	余额
月	日	种类	编号						

总分类账

会计科目：

年		凭证		摘要	对方科目	借方	贷方	借或贷	余额
月	日	种类	编号						

总分类账

会计科目：

年		凭证		摘要	对方科目	借方	贷方	借或贷	余额
月	日	种类	编号						

总 分 类 账

会计科目：

年		凭证		摘要	对方科目	借方	贷方	借或贷	余额
月	日	种类	编号						

总 分 类 账

会计科目：

年		凭 证		摘 要	对方科目	借方	贷方	借或贷	余 额
月	日	种类	编号						

总分类账

会计科目：

年		凭证		摘要	对方科目	借方	贷方	借或贷	余额
月	日	种类	编号						

总分类账

会计科目：

年		凭证		摘要	对方科目	借方	贷方	借或贷	余额
月	日	种类	编号						

总分类账

会计科目：

年		凭证		摘要	对方科目	借方	贷方	借或贷	余额
月	日	种类	编号						

总 分 类 账

会计科目：

年		凭 证		摘 要	对方科目	借方	贷方	借或贷	余 额
月	日	种类	编号						

总 分 类 账

会计科目：

年		凭证		摘要	对方科目	借方	贷方	借或贷	余额
月	日	种类	编号						

总 分 类 账

会计科目：

年		凭 证		摘 要	对方科目	借方	贷方	借或贷	余 额
月	日	种类	编号						

总 分 类 账

会计科目：

年		凭 证		摘 要	对方科目	借方	贷方	借或贷	余 额
月	日	种类	编号						

总 分 类 账

会计科目：

年		凭证		摘要	对方科目	借方	贷方	借或贷	余额
月	日	种类	编号						

总分类账

会计科目：

年		凭证		摘要	对方科目	借方	贷方	借或贷	余额
月	日	种类	编号						

总分类账

会计科目：

年		凭证		摘要	对方科目	借方	贷方	借或贷	余额
月	日	种类	编号						

总 分 类 账

会计科目：

年		凭证		摘要	对方科目	借方	贷方	借或贷	余额
月	日	种类	编号						

（七）明细分类账

现 金 日 记 账

年		凭证编号	摘　要	借　方	贷　方	余　额	√
月	日						

现金日记账

年		凭证编号	摘　　要	借　方	贷　方	余　额	√
月	日						

现 金 日 记 账

年		凭证编号	摘　　要	借　方	贷　方	余　额	√
月	日						

银 行 日 记 账

年		凭证编号	摘　　要	借　方	贷　方	余　额	√
月	日						

银行日记账

年		凭证编号	摘　　要	借　方	贷　方	余　额	√
月	日						

银行日记账

年		凭证编号	摘　　要	借　方	贷　方	余　额	√
月	日						

明细账

总页　　　　分页

明细科目名称　　　　　　　　　　　　户名

年		记账凭证编号	摘要	借方											贷方											借或贷	余额											√
月	日			亿	千	百	十	万	千	百	十	元	角	分	亿	千	百	十	万	千	百	十	元	角	分		亿	千	百	十	万	千	百	十	元	角	分	

明细账

总页　　　　分页

明细科目名称　　　　　　　　　　户名

年		记账凭证编号	摘要	借方											贷方											借或贷	余额											✓
月	日			亿	千	百	十	万	千	百	十	元	角	分	亿	千	百	十	万	千	百	十	元	角	分		亿	千	百	十	万	千	百	十	元	角	分	

明细账

总页______ 分页______

明细科目名称______ 户名______

年		记账凭证编号	摘要	借方											贷方											借或贷	余额											✓
月	日			亿	千	百	十	万	千	百	十	元	角	分	亿	千	百	十	万	千	百	十	元	角	分		亿	千	百	十	万	千	百	十	元	角	分	

明细账

总页 分页

明细科目名称 户名

年		记账凭证编号	摘要	借方 收方											贷方 付方											借或贷	余额											√
月	日			亿	千	百	十	万	千	百	十	元	角	分	亿	千	百	十	万	千	百	十	元	角	分		亿	千	百	十	万	千	百	十	元	角	分	

明细账

总页　　　　分页

明细科目名称　　　　　　　　　　　　户名

年		记账凭证编号	摘要	借方（收方）											贷方（付方）											借或贷	余额											√
月	日			亿	千	百	十	万	千	百	十	元	角	分	亿	千	百	十	万	千	百	十	元	角	分		亿	千	百	十	万	千	百	十	元	角	分	

明细账

总页 ________ 分页 ________

明细科目名称 ________________ 户名 ________________

年		记账凭证编号	摘要	借方（收方）											贷方（付方）											借或贷	余额											✓
月	日			亿	千	百	十	万	千	百	十	元	角	分	亿	千	百	十	万	千	百	十	元	角	分		亿	千	百	十	万	千	百	十	元	角	分	

明细账

总页　　　分页

明细科目名称　　　　　户名

年		记账凭证编号	摘要	借方											贷方											借或贷	余额											✓
月	日			亿	千	百	十	万	千	百	十	元	角	分	亿	千	百	十	万	千	百	十	元	角	分		亿	千	百	十	万	千	百	十	元	角	分	

明细账

总页　　　　分页

明细科目名称　　　　　　　　　　户名

年		记账凭证编号	摘要	借方收方											贷方付方											借或贷	余额											✓
月	日			亿	千	百	十	万	千	百	十	元	角	分	亿	千	百	十	万	千	百	十	元	角	分		亿	千	百	十	万	千	百	十	元	角	分	

明细账

总页 ______ 分页 ______

明细科目名称 ______ 户名 ______

年		记账凭证编号	摘要	借方 收方											贷方 付方											借或贷	余额											✓
月	日			亿	千	百	十	万	千	百	十	元	角	分	亿	千	百	十	万	千	百	十	元	角	分		亿	千	百	十	万	千	百	十	元	角	分	

明细账

总页　　　　分页

明细科目名称　　　　户名

年		记账凭证编号	摘要	借方											贷方											借或贷	余额											√
月	日			亿	千	百	十	万	千	百	十	元	角	分	亿	千	百	十	万	千	百	十	元	角	分		亿	千	百	十	万	千	百	十	元	角	分	

明细账

总页　　　　分页

明细科目名称　　　　　　　　　　　　户名

年		记账凭证编号	摘要	借方 收方											贷方 付方											借或贷	余额											✓
月	日			亿	千	百	十	万	千	百	十	元	角	分	亿	千	百	十	万	千	百	十	元	角	分		亿	千	百	十	万	千	百	十	元	角	分	

明细账

总页　　　　分页

明细科目名称　　　　　　　　户名

年		记账凭证编号	摘要	借方 收方											贷方 付方											借或贷	余额											✓
月	日			亿	千	百	十	万	千	百	十	元	角	分	亿	千	百	十	万	千	百	十	元	角	分		亿	千	百	十	万	千	百	十	元	角	分	

明细账

总页 分页

明细科目名称 户名

年		记账凭证编号	摘要	借方 收方											贷方 付方											借或贷	余额											√
月	日			亿	千	百	十	万	千	百	十	元	角	分	亿	千	百	十	万	千	百	十	元	角	分		亿	千	百	十	万	千	百	十	元	角	分	

明细账

总页　　　　分页

明细科目名称　　　　　　　　户名

年		记账凭证编号	摘要	借方 收方											贷方 付方											借或贷	余额											✓
月	日			亿	千	百	十	万	千	百	十	元	角	分	亿	千	百	十	万	千	百	十	元	角	分		亿	千	百	十	万	千	百	十	元	角	分	

明细账

总页　　　　分页

明细科目名称　　　　　　　　　　户名

年		记账凭证编号	摘要	借方						收方					贷方						付方					借或贷	余额											✓
月	日			亿	千	百	十	万	千	百	十	元	角	分	亿	千	百	十	万	千	百	十	元	角	分		亿	千	百	十	万	千	百	十	元	角	分	

明细账

总页　　　分页

明细科目名称　　　　　　户名

年		记账凭证编号	摘要	借方 收方											贷方 付方											借或贷	余额											✓
月	日			亿	千	百	十	万	千	百	十	元	角	分	亿	千	百	十	万	千	百	十	元	角	分		亿	千	百	十	万	千	百	十	元	角	分	

明细账

明细科目名称　　　　　　　　户名　　　　　　　　总页　　　　分页

年		记账凭证编号	摘要	借方											贷方											借或贷	余额											✓
月	日			亿	千	百	十	万	千	百	十	元	角	分	亿	千	百	十	万	千	百	十	元	角	分		亿	千	百	十	万	千	百	十	元	角	分	

明细账

总页…… 分页……

明细科目名称…… 户名……

年		记账凭证编号	摘要	借方 收方											贷方 付方											借或贷	余额											✓
月	日			亿	千	百	十	万	千	百	十	元	角	分	亿	千	百	十	万	千	百	十	元	角	分		亿	千	百	十	万	千	百	十	元	角	分	

明细账

总页　　　　分页

明细科目名称　　　　　　　　　　　户名

年		记账凭证编号	摘要	借方											贷方											借或贷	余额											✓
月	日			亿	千	百	十	万	千	百	十	元	角	分	亿	千	百	十	万	千	百	十	元	角	分		亿	千	百	十	万	千	百	十	元	角	分	

明细账

总页　　　　分页

明细科目名称　　　　　　　　　　　　户名

年		记账凭证编号	摘要	借方收方											贷方付方											借或贷	余额											√
月	日			亿	千	百	十	万	千	百	十	元	角	分	亿	千	百	十	万	千	百	十	元	角	分		亿	千	百	十	万	千	百	十	元	角	分	

最高存量____________

最低存量____________

编号________规格__________　　　　　　　　　　单位（　　　）名称____________

年		凭证号数	摘要	账页	借方											贷方											结存											稽核
					数量	单价	金额									数量	单价	金额									数量	单价	金额									
月	日						百	十	万	千	百	十	元	角	分			百	十	万	千	百	十	元	角	分			百	十	万	千	百	十	元	角	分	

最高存量____________

最低存量____________

编号________规格___________　　　　单位（　　　）名称____________

年		凭证号数	摘要	账页	借方											贷方											结存											稽核
					数量	单价	金额									数量	单价	金额									数量	单价	金额									
月	日						百	十	万	千	百	十	元	角	分			百	十	万	千	百	十	元	角	分			百	十	万	千	百	十	元	角	分	

最高存量____________

最低存量____________

编号________规格__________

单位（　　　）名称____________

年		凭证号数	摘要	账页	借方											贷方											结存											稽核
月	日				数量	单价	金额									数量	单价	金额									数量	单价	金额									
							百	十	万	千	百	十	元	角	分			百	十	万	千	百	十	元	角	分			百	十	万	千	百	十	元	角	分	

最高存量____________

最低存量____________

编号________规格___________　　　　　　　　单位（　　　）名称____________

年		凭证号数	摘要	账页	借方											贷方											结存											稽核
					数量	单价	金额									数量	单价	金额									数量	单价	金额									
月	日						百	十	万	千	百	十	元	角	分			百	十	万	千	百	十	元	角	分			百	十	万	千	百	十	元	角	分	

最高存量______________

最低存量______________

编号________规格____________　　　　单位（　　　）名称______________

年		凭证号数	摘要	账页	借方											贷方											结存											稽核
					数量	单价	金额									数量	单价	金额									数量	单价	金额									
月	日						百	十	万	千	百	十	元	角	分			百	十	万	千	百	十	元	角	分			百	十	万	千	百	十	元	角	分	

最高存量____________

最低存量____________

编号________规格____________　　　　单位（　　　）名称____________

年		凭证号数	摘要	账页	借方											贷方											结存											稽核
月	日				数量	单价	金额									数量	单价	金额									数量	单价	金额									
							百	十	万	千	百	十	元	角	分			百	十	万	千	百	十	元	角	分			百	十	万	千	百	十	元	角	分	

最高存量__________

最低存量__________

编号______规格________ 单位（ ） 名称__________

年		凭证号数	摘要	账页	借方											贷方											结存											稽核
					数量	单价	金额									数量	单价	金额									数量	单价	金额									
月	日						百	十	万	千	百	十	元	角	分			百	十	万	千	百	十	元	角	分			百	十	万	千	百	十	元	角	分	

最高存量___________

最低存量___________

编号_______规格___________　　　　　　　　　　　　　　　单位（　　　）名称_____________

年		凭证号数	摘要	账页	借方											贷方											结存											稽核
					数量	单价	金额									数量	单价	金额									数量	单价	金额									
月	日						百	十	万	千	百	十	元	角	分			百	十	万	千	百	十	元	角	分			百	十	万	千	百	十	元	角	分	

____________明细分类账

年		凭证		摘要												
月	日	字	号													

____________明细分类账

年		凭证		摘要												
月	日	字	号													

____________明细分类账

年		凭证		摘要												
月	日	字	号													

______明细分类账

年		凭证		摘要												
月	日	字	号													

____________明细分类账

年		凭证		摘要												
月	日	字	号													

____________明细分类账

年		凭证		摘要												
月	日	字	号													

（八）科目汇总表

科目汇总表

年　　月

会计科目	借　　方	贷　　方

科目汇总表

年　　月

会计科目	借　　方	贷　　方

科目汇总表

年　　月

会计科目	借　　方	贷　　方

科目汇总表

年　　月

会计科目	借　　方	贷　　方

（九）财务报表

资 产 负 债 表

_____年______月______日　　　　　　会企 01 表

编制单位：　　　　　　　　　　　　　　　　　　单位：元

资产	期末余额	年初余额	负债和所有者权益	期末余额	年初余额
流动资产：			流动负债：		
货币资金			短期借款		
交易性金融资产			交易性金融负债		
应收票据			应付票据		
应收账款			应付账款		
预付账款			预收账款		
应收利息			应付职工薪酬		
应收股利			应交税费		
其他应收款			应付利息		
存货			应付股利		
一年内到期的非流动资产			其他应付款		
其他流动资产			一年内到期的非流动负债		
流动资产合计			其他流动负债		
非流动资产：			流动负债合计		
可供出售金融资产			非流动负债：		
持有至到期投资			长期借款		
长期应收款			应付债券		
长期股权投资			长期应付款		
投资性房地产			预计负债		
固定资产			其他非流动负债		
在建工程			非流动负债合计		
工程物资			负债合计		
固定资产清理			所有者权益：		
无形资产			实收资本		
开发支出			资本公积		
商誉			减：库存股		
长期待摊费用			盈余公积		
其他非流动资产			未分配利润		
非流动资产合计			所有者权益合计		
资产总计			负债和所有者权益合计		

资 产 负 债 表

_____年_____月_____日　　　　　　　　会企 01 表

编制单位：　　　　　　　　　　　　　　　　　单位：元

资产	期末余额	年初余额	负债和所有者权益	期末余额	年初余额
流动资产：			流动负债：		
货币资金			短期借款		
交易性金融资产			交易性金融负债		
应收票据			应付票据		
应收账款			应付账款		
预付账款			预收账款		
应收利息			应付职工薪酬		
应收股利			应交税费		
其他应收款			应付利息		
存货			应付股利		
一年内到期的非流动资产			其他应付款		
其他流动资产			一年内到期的非流动负债		
流动资产合计			其他流动负债		
非流动资产：			流动负债合计		
可供出售金融资产			非流动负债：		
持有至到期投资			长期借款		
长期应收款			应付债券		
长期股权投资			长期应付款		
投资性房地产			预计负债		
固定资产			其他非流动负债		
在建工程			非流动负债合计		
工程物资			负债合计		
固定资产清理			所有者权益：		
无形资产			实收资本		
开发支出			资本公积		
商誉			减：库存股		
长期待摊费用			盈余公积		
其他非流动资产			未分配利润		
非流动资产合计			所有者权益合计		
资产总计			负债和所有者权益合计		

利润表

年　月　日

编制单位：　　　　　　　　　　　　　　　　　　　　　　　　单位：人民币元

项　　目	注释	本年金额	上年金额
一、营业收入			
减：营业成本			
营业税金及附加			
销售费用			
管理费用			
财务费用			
资产减值损失			
加：公允价值变动收益（损失以“-”号填列）			
投资收益（损失以“-”号填列）			
其中：对联营企业和合营企业的投资收益			
二、营业利润（亏损以“-”号填列）			
加：营业外收入			
减：营业外支出			
其中：非流动资产处置损失			
三、利润总额（亏损总额以“-”号填列）			
减：所得税费用			
四、净利润（净亏损以“-”号填列）			
归属于母公司所有者的净利润			
少数股东损益		-	-
五、每股收益：		-	-
（一）基本每股收益		-	-
（二）稀释每股收益		-	-

利润表

年　月　日

编制单位：　　　　　　　　　　　　　　　　　　　　　　　　　单位：人民币元

项　　目	注释	本年金额	上年金额
一、营业收入			
减：营业成本			
营业税金及附加			
销售费用			
管理费用			
财务费用			
资产减值损失			
加：公允价值变动收益（损失以“-”号填列）			
投资收益（损失以“-”号填列）			
其中：对联营企业和合营企业的投资收益			
二、营业利润（亏损以“-”号填列）			
加：营业外收入			
减：营业外支出			
其中：非流动资产处置损失			
三、利润总额（亏损总额以“-”号填列）			
减：所得税费用			
四、净利润（净亏损以“-”号填列）			
归属于母公司所有者的净利润			
少数股东损益		-	-
五、每股收益：		-	-
（一）基本每股收益		-	-
（二）稀释每股收益		-	-

所有者权益变动表

会企 04 表

编制单位：　　　　　　　　＿＿＿＿年度　　　　　　　　单位：元

项目	本年金额							上年金额						
	实收资本（或股本）	资本公积	减：库存股	其他综合收益	盈余公积	未分配利润	所有者权益合计	实收资本（或股本）	资本公积	减：库存股	其他综合收益	盈余公积	未分配利润	所有者权益合计
一、上年年末余额														
加：会计政策变更														
二、本年年初余额														
三、本年增减变动金额（减少以“-”）号填列														
（一）综合收益总额														
（二）所有者投入和减少资本														
1. 所有者投入资本														
2. 股份支付计入所有者权益的金额														
3. 其他														
（三）利润分配														
1. 提取盈余公积														
2. 对所有者（或股东）的分配														
3. 其他														
（四）所有者权益内部结转														
1. 资本公积转增资本（或股本）														
2. 盈余公积转增资本（或股本）														
3. 盈余公积弥补亏损														
4. 其他														
四、本年年末余额														

所有者权益变动表

会企 04 表

编制单位：　　　　　　　　　　　　　　　　________年度　　　　　　　　　　　　　　　　单位：元

项目	本年金额							上年金额						
	实收资本（或股本）	资本公积	减：库存股	其他综合收益	盈余公积	未分配利润	所有者权益合计	实收资本（或股本）	资本公积	减：库存股	其他综合收益	盈余公积	未分配利润	所有者权益合计
一、上年年末余额														
加：会计政策变更														
二、本年年初余额														
三、本年增减变动金额（减少以“-”）号填列														
（一）综合收益总额														
（二）所有者投入和减少资本														
1．所有者投入资本														
2．股份支付计入所有者权益的金额														
3．其他														
（三）利润分配														
1．提取盈余公积														
2．对所有者（或股东）的分配														
3．其他														
（四）所有者权益内部结转														
1．资本公积转增资本（或股本）														
2．盈余公积转增资本（或股本）														
3．盈余公积弥补亏损														
4．其他														
四、本年年末余额														

现金流量表

会企 03 表

编制单位：　　　　　　　　　　　　　年度　　　　　　　　　　　　　单位：元

项　　目	行次	金额
一、经营活动产生的现金流量：		
销售商品、提供劳务收到的现金	1	
收到的税费返还	2	
收到的其他与经营活动有关的现金	3	
现金流入小计	4	
购买商品、接受劳务支付的现金	5	
支付给职工以及为职工支付的现金	6	
支付的各项税费	7	
支付的其他与经营活动有关的现金	8	
现金流出小计	9	
经营活动产生的现金流量净额	10	
二、投资活动产生的现金流量：		
收回投资所收到的现金	11	
取得投资收益所收到的现金	12	
处置固定资产、无形资产和其他长期资产所收回的现金净额	13	
处置子公司及其他营业单位收到的现金净额	14	
收到的其他与投资活动有关的现金	15	
现金流入小计	16	
购建固定资产、无形资产和其他长期资产所支付的现金	17	
投资所支付的现金	18	
取得子公司及其他营业单位支付的现金净额	19	
支付的其他与投资活动有关的现金	20	
现金流出小计	21	
投资活动产生的现金流量净额	22	
三、筹资活动产生的现金流量：		
吸收投资所收到的现金	23	
借款所收到的现金	24	
收到的其他与筹资活动有关的现金	25	
现金流入小计	26	
偿还债务所支付的现金	27	
分配股利、利润或偿付利息所支付的现金	28	
支付的其他与筹资活动有关的现金	29	
现金流出小计	30	
筹资活动产生的现金流量净额	31	

续表

项　　目	行次	金额
四、汇率变动对现金的影响额	32	
五、现金及现金等价物净增加额	33	
补充资料		
1．将净利润调节为经营活动的现金流量：		
净利润	34	
加：计提的资产减值准备	35	
固定资产折旧	36	
无形资产摊销	37	
长期待摊费用摊销	38	
待摊费用减少（减：增加）	39	
预提费用增加（减：减少）	40	
处置固定资产、无形资产和其他长期资产的损失（减:收益）	41	
固定资产报废损失	42	
公允价值变动损益	43	
财务费用	44	
投资损失（减:收益）	45	
递延所得税负债（减:递延所得税资产）	46	
存货的减少（减:增加）	47	
经营性应收项目的减少（减:增加）	48	
经营性应付项目的增加（减:减少）	49	
其他	50	
经营活动产生的现金流量净额	51	
2．不涉及现金收支的投资和筹资活动：		
债务转为资本	52	
一年内到期的可转换公司债券	53	
融资租入固定资产	54	
3．现金及现金等价物净增加情况		
现金的期末余额	55	
减：现金的期初余额	56	
加：现金等价物的期末余额	57	
减：现金等价物的期初余额	58	
现金及现金等价物净增加额	59	

制表人：　　　　　　　　　　　　　　　　　　会计主管：

单位负责人：

现金流量表

会企 03 表

编制单位：　　　　　　　　　　年度　　　　　　　　　　单位：元

项　　目	行次	金额
一、经营活动产生的现金流量：		
销售商品、提供劳务收到的现金	1	
收到的税费返还	2	
收到的其他与经营活动有关的现金	3	
现金流入小计	4	
购买商品、接受劳务支付的现金	5	
支付给职工以及为职工支付的现金	6	
支付的各项税费	7	
支付的其他与经营活动有关的现金	8	
现金流出小计	9	
经营活动产生的现金流量净额	10	
二、投资活动产生的现金流量：		
收回投资所收到的现金	11	
取得投资收益所收到的现金	12	
处置固定资产、无形资产和其他长期资产所收回的现金净额	13	
处置子公司及其他营业单位收到的现金净额	14	
收到的其他与投资活动有关的现金	15	
现金流入小计	16	
购建固定资产、无形资产和其他长期资产所支付的现金	17	
投资所支付的现金	18	
取得子公司及其他营业单位支付的现金净额	19	
支付的其他与投资活动有关的现金	20	
现金流出小计	21	
投资活动产生的现金流量净额	22	
三、筹资活动产生的现金流量：		
吸收投资所收到的现金	23	
借款所收到的现金	24	
收到的其他与筹资活动有关的现金	25	
现金流入小计	26	
偿还债务所支付的现金	27	
分配股利、利润或偿付利息所支付的现金	28	
支付的其他与筹资活动有关的现金	29	
现金流出小计	30	
筹资活动产生的现金流量净额	31	

续表

项　　目	行次	金额
四、汇率变动对现金的影响额	32	
五、现金及现金等价物净增加额	33	
补充资料		
1. 将净利润调节为经营活动的现金流量：		
净利润	34	
加：计提的资产减值准备	35	
固定资产折旧	36	
无形资产摊销	37	
长期待摊费用摊销	38	
待摊费用减少（减：增加）	39	
预提费用增加（减：减少）	40	
处置固定资产、无形资产和其他长期资产的损失（减:收益）	41	
固定资产报废损失	42	
公允价值变动损益	43	
财务费用	44	
投资损失（减:收益）	45	
递延所得税负债（减:递延所得税资产）	46	
存货的减少（减:增加）	47	
经营性应收项目的减少（减:增加）	48	
经营性应付项目的增加（减:减少）	49	
其他	50	
经营活动产生的现金流量净额	51	
2. 不涉及现金收支的投资和筹资活动：		
债务转为资本	52	
一年内到期的可转换公司债券	53	
融资租入固定资产	54	
3. 现金及现金等价物净增加情况		
现金的期末余额	55	
减：现金的期初余额	56	
加：现金等价物的期末余额	57	
减：现金等价物的期初余额	58	
现金及现金等价物净增加额	59	

制表人：　　　　　　　　　　　　　　　　　　　　会计主管：

单位负责人：